刺しゅう・リボン・
アップリケで大人可愛い

手づくり帯

実物大図案でイメージ通りに仕上がる！

小倉ゆき子

母から受け継いだ二部式帯

初めての二部式帯《にぶしきおび》は、七五三のときです。現代でも販売されているものと同じような形で、蝶結びやふくら雀のように結ばれ、胴と別になっていました。その帯は、のちにほどいて半幅帯《はんはばおび》にしたり、小物づくりの布に使いました。

次に二部式帯を覚えているのは、１９５０年ごろ、私は中学生でした。名古屋で料亭の女将をしていた母は、ある日「帯を切るからね」と、仲居《なかい》さんたちを集めました。私は一体何事、と思って見ていたことをはっきり覚えています。母は帯の横に大きな裁ちばさみを置いて、「はい、これからこれを切ります」と帯を広げて、胴とお太鼓の間の部分にはさみを当てて、ジョキジョキと切り始めました。

誰かが「きゃーっ」と悲鳴を上げました。母は切り離した胴の方を持って、「このて先のところ、1尺5寸くらい」と、目分量で50㎝くらいのところを、またはさみで切り離しました。「はい、これがてね」と。私には何のことかわかりませんでしたが、みんな一生懸命に見ていました。「女将さん、それどうやって締めるんですか」と聞いた人に、「じゃあ、あとでね」と部屋に入ってしまいました。おそらく、母は自室で二部式帯を仕立てていたのだと思います。

夕方になって、お客さまを迎える時分になると、あの切り離した帯を締めて、母が現れました。仲居さんたちは母のそばに行き、「まあ、素敵」などと言いながら、「こうなるんですね」「どうやって結ぶんですか」と興味津々です。「結んではいないの」と帯をぽんと叩いて、「つけているだけ」。「何で、帯を切っちゃうの？」と言う私には、「楽だからよ」と一言。その意味を納得したのは、何十年も後のことで、私が毎日着物を着るようになってからです。

「私も帯を切ろうかしら」と言う人に、母は「切るなら、よい帯を切るのよ」と言っていました。しばらくすると、我が家には帯を二部式にする人が増え、「こんなに楽なら、もっと早く切ればよかった」と言う人もいたほどです。

❖

その後、高校を卒業して上京したころ、銀座にあった和装小物の老舗、「くのや」「白牡丹《はくぼたん》」「津田家《つだや》」などのショーウインドーの中心に、付け帯が飾られていたのを見ました。母に「二部式よね」と言うと、買ってくれるわけでもなく、「ほしかったら、自分でつくりなさい」。これが母の口癖でした。その当時、東京だけでなく、地方でも二部式帯をよく見かけましたので、流行していたのだと思います。

ついに、１９６０年ごろ、私はずっと気になっていた二部式帯をつくりました。16ページの黒地に花模様の刺しゅうの帯です。キャンバス地にハーフクロスステッチで花を刺したものを、黒い繻子《しゅす》地に合わせせました。その後、１９６０年代から手芸デザインの仕事をするようになり、

長女が毎日、私のその日の着物を撮影してくれていました。自宅で仕事をしているときは、必ず上っぱりを着ています。上っぱりについては、84ページ参照。

母が亡くなって着物を着るようになった1970年代に、今度は仕事で初めて、二部式の帯をつくりました。私が帯をつくるようになったのは、このころからです。

母のつくっていたのと同じやり方です。胴とお太鼓に分かれた二部式、さらにての部分を別にしておりますので、三部式と言った方がいいかもしれません。でも、お太鼓の裏にて先を縫いとめていますので二部式になります。

二部式帯のどこが「楽」かというと、重い帯を半分に切り、中心の結ぶところで余分をとり去るので、少し軽くなります。ですが、本当の「楽」というのは、帯を締めたときにわかります。帯を締めるとき、まずは胴の部分だけをぐるぐる巻いて、両端のひもでしっかり結びます。お太鼓の方は、帯枕に帯揚げをかぶせたものをお太鼓部分の裏側に当て、そのまま背中に背負うようにして、帯揚げを前で結びます。後ろでお太鼓の形をつくり、たれとのバランスを確かめたら間にてを入れ、帯締めで結べばでき上がり。その動作に慣れてしまえば、とても楽です。

着物を着て、帯を結ぶまでの時間が短くて済みます。もっと急ぐときは、胴に帯だけを巻いておいて、お太鼓などはバッグへ。いつも着ている上っぱりを羽織り、そのまま新幹線や飛行機に乗っていました。到着してから、洗面所などでお太鼓をつける、ということもよくしていました。その一連の動作が「楽」につながります。

母を見習って、ずっと二部式帯を締めてきましたが、人前に出ることが多くなると、帯は重要です。自分らしい帯をつくるにあたり、何かを施すとしたら、まずは刺しゅうと思いました。昔からある日本刺しゅうは私には無理と、手を出してはおりません。もっと自由で変わった素材はないかと考えていたら、ちょうどリボンメーカーの木馬《もくば》が新しく刺しゅう用のリボンを発売。私はこのリボンを、みなさんに知っていただくためのお手伝いをすることになり、ステッチや手法を考え、作品集をつくり、講習会なども開催しました。

次にアップリケですが、これはとても効果的に使えます。自分の気に入った布があれば、丸や三角、四角で、一番美しいところを切りとればいいのです。そして、私が締めていた帯の中で、いろいろな場所でみなさんが気に留めてくださったのが、パッチワークと勘違《かんちが》いされたきりばめの帯です。最後に、墨を使って文字や絵を書く〝墨描《すみが》き〟。左半身が麻痺している今の私には、これしかできないことになり、右手のみで文字を書くことを始めました。

本書には、以上のような手法でつくった、さまざまな帯を掲載しています。楽しく遊ぶつもりで挑戦していただけたらうれしいです。

目次

Part 1 刺しゅう

Part 2 リボンコラージュ

Part 3
アップリケ

Part 4
きりばめ

Part 5
墨描き

刺しゅう

Part 1

さまざまな刺しゅう糸、リボン、ビーズなど、
糸の種類は違っても、刺し方の基本は同じです。
帯の素材や色合い、季節感などを参考に、
ときにはその日の気分次第で使う材料を決め、
あとは何も考えず、
心のままに針を動かしてきました。
ほとんどが模様があるようでない気まぐれ刺しゅうです。

黒地の単帯《ひとえおび》は、このままでも十分使えるものですが、何か刺してみたくなり、大好きなフェザーステッチで刺しました。フェザーステッチはその名の通り、細かく刺すと鳥の羽のような形をしたステッチで、基本は左右ですが、右右、左左と刺してもOK。少し角度を変えて、上下や横に進んだりすることもできます。ここでは、主にリボンを使い、ほんの少し細い変わり糸などを刺し入れたりして、ほぼフェザーステッチで。少し光る素材のリボンも使っているので、写真のような付《つ》け下《さ》げにも合いますが、紬《つむぎ》などの織りの着物や小紋《こもん》など、幅広く合わせることができます。

リボンの太さを変えて、フェザーステッチで気ままに

つくり方 90ページ

桜染めの糸をアクセントに

桜の模様のこの着物は、末娘が10代のころ、珍しくほしいと言うので、求めた1枚です。当時、帯のことなど何も考えず、また娘も一度も着ないまま、年月が経ちました。のちにこの帯に刺しゅうをしたのですが、それには草木染め作家の七字良枝《しちじよしえ》さんとの出会いがありました。七字さんのなんとも言えない優しい色に染まった糸たちに出会ったことで、この帯の刺しゅうは生まれたのです。グレー地の塩《しお》瀬《ぜ》に桜色がぴったり。部分的に毛糸も入っています。

ラメ入りリボンでゴージャスに

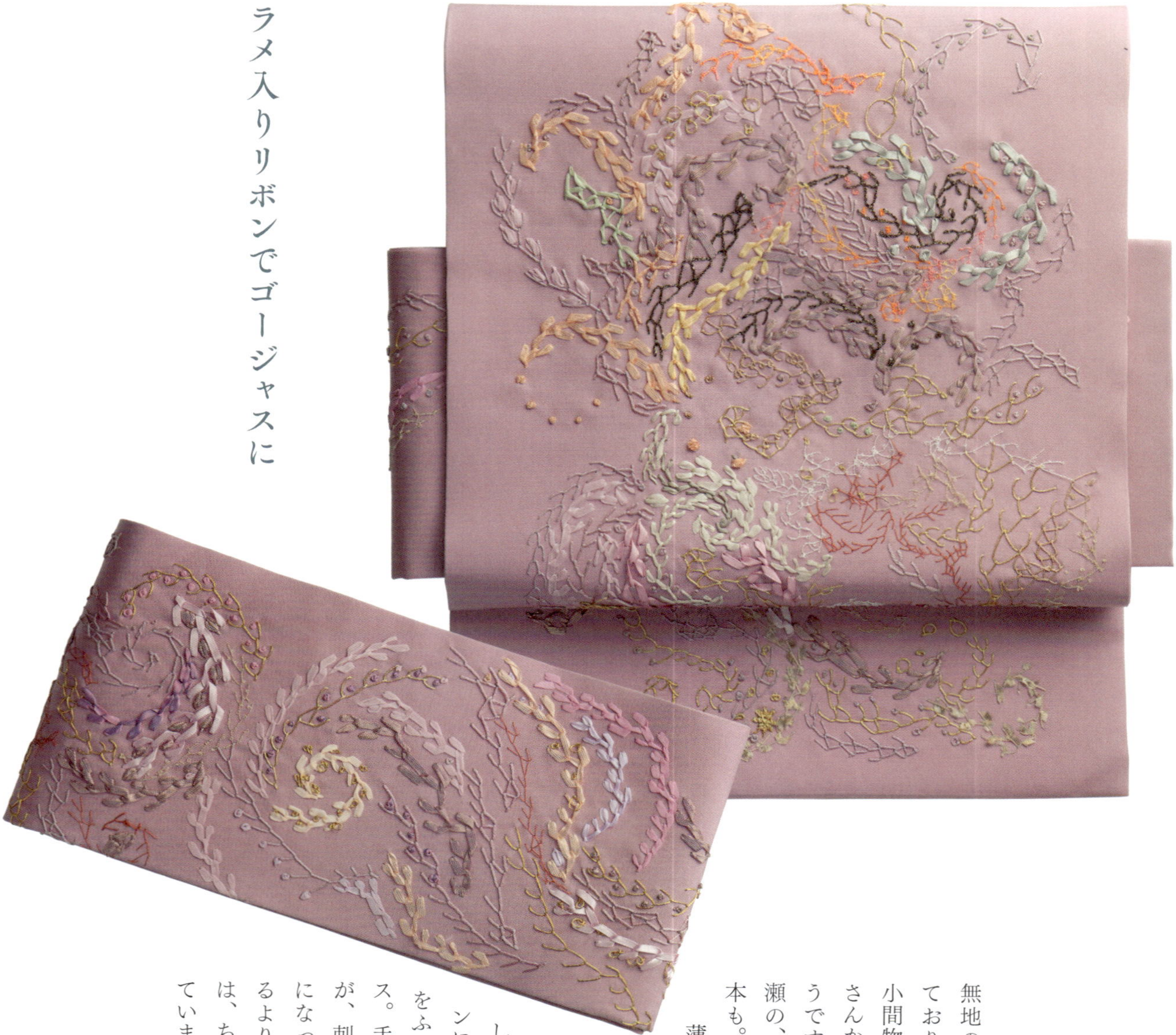

無地の帯がないかしらと、ずっと願っておりましたところ、東京・人形町の小間物屋さんが、「日本刺しゅうの作家さんからキャンセルが出ましたから、どうですか」と、ちょうどよい具合に塩瀬の、しかも美しく染められた帯が何本も。そのうちの1本が、この優しい薄紫色です。たまたまフェイスブックで「毎日心のおもむくままに刺す15分間刺しゅう」をしているときでしたので、早速この帯でリボン刺しゅうをすることにしました。一般的な刺しゅう用リボンに加えて、ラメ入りのリボンなどをふんだんに使い、金の糸などをプラス。手法は私の気まぐれ刺しゅうですが、刺し進むうちにいつもより華やかになってしまいました。日常着に締めるよりお洒落着向きなので、私としては、ちょっと残念な結果になったと思っています。

作家ものの帯に、金糸でドレスアップ

「帯はいらないの、自分でつくるから」といつも言っていた私。何を生意気なことを言っているのか、と呉服屋さんは心の中で思っていたことでしょう。ずっと着物で過ごすようになったころ、母の二部式帯を解体して、私なりにつくっていました。そんなとき、珍しく買うことになったのがこの作家ものの帯です。美しい紫色でところどころ、木目を写しとったものです。それに少し刺しゅうで手を加えました。ちょうどフランスの刺しゅう糸メーカーＤＭＣ製の金の糸があったので、ぴったりと思い、刺してみました。少し格が上がったように見えますので、やはりこれも普段着ではなく、落ち着いた小紋などに合います。

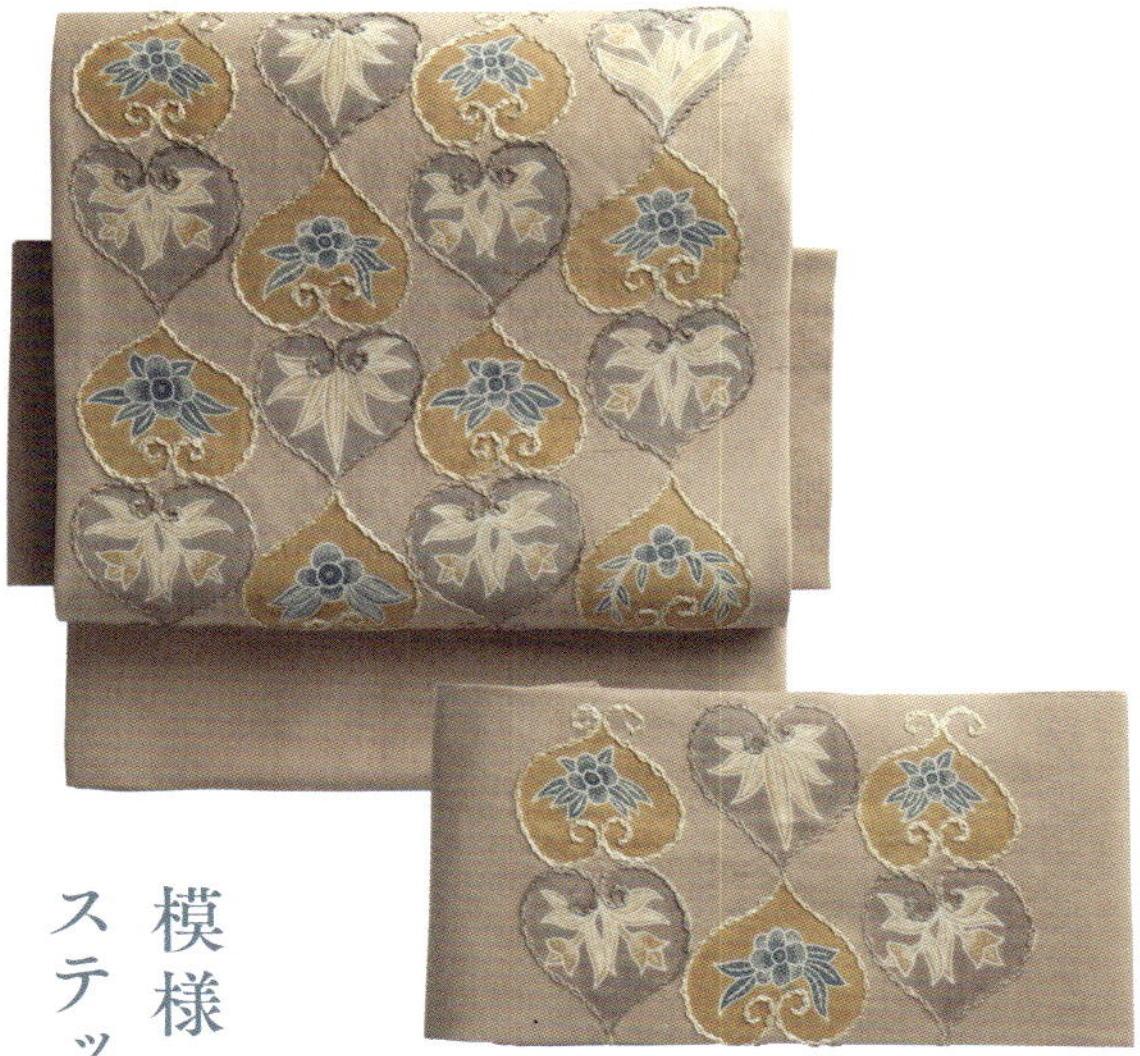

模様の輪郭にステッチを入れ、メリハリを

あるとき、私の自宅に、東南アジアで染めた布で、洋服をつくっている方が来られました。私の刺しゅう用の図案を買ってくださり、その図案で染めた布の1枚がこちら。その布でつくった帯ですが、少しでもメリハリがつくようにと、ハートの輪郭部分にステッチを刺してみました。見た目はあまり変わりませんが、普段着用の紬にはよく合います。

4歳の孫が描いた絵を線刺しのステッチで

当時、4歳の孫があれこれいたずら描きをしているのが可愛くて、いつもうれしく見ていました。その絵をとっさに帯の裏側に写しとり、ほとんどアウトラインステッチで刺しました。小さかった孫がぶつぶつ言いながら絵を描いている姿が思い出されます。

ぼかし染めの帯に、細めのフェザーステッチ

この帯は手を加えなくとも、帯として完成されたものです。私が以前から親しくしている、内田染色《うちだせんしょく》で染められた藍《あい》色のぼかし染めですが、よく見ると紙のこよりらしきものが、部分的に織り込まれています。いつもの癖で、こうしたよいものだからこそ、少し手を加えてみたくなりました。草木染め作家の七字さんの特別の糸を1本どりで、相変わらずのフェザーステッチで刺しました。合わせた着物は、大きな市松《いちまつ》模様の小紋です。

ニットステッチャーで、心のおもむくままに

ニットステッチャーという特別な針を使うことで、いつもの刺しゅうではできないことができます。ニットステッチャーという名の通り、編み物のようにも使える小さな器具ですが、楽しくて私は大好き。この針を使って、まずなんでも刺してみて、ちょっと刺し直したいと思うと、すぐに糸を引っ張るとそのままほどけて、あとかたもなくもとに戻ります。刺しているときの楽しさ、面白さは、手刺しゅうとは比べものになりません。帯としては単衣《ひとえ》に向き、塩沢《しおざわ》紬にも、小千谷縮《おぢやちぢみ》にも締められます。

右手だけで、リボン刺しゅうをしてみたら

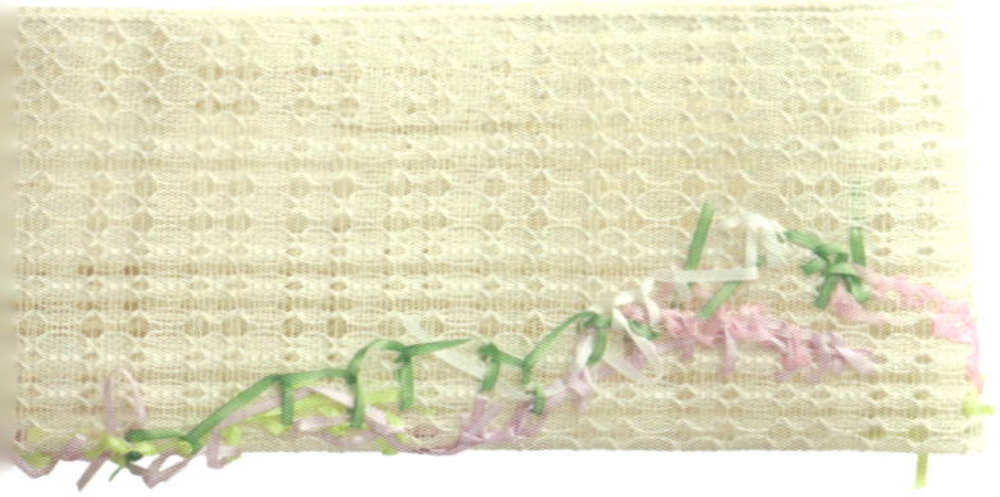

京都・西陣《にしじん》の鎧織《よろいおり》ということですが、今まで知りませんでした。透け感のある変わり織りなので、何もする必要はないのですが、私はまたまた何か刺してみたくなりました。左手が全然動かないことも忘れて、無謀にも片方の手のみで、リボン刺しゅうに挑戦。こんな出来では、とても帯としての役目など果たせませんが、私にとっては今できることをしてみました、という思いです。この帯を締められる着物などないと思っていましたが、夏の上布《じょうふ》なら合うかもしれません。

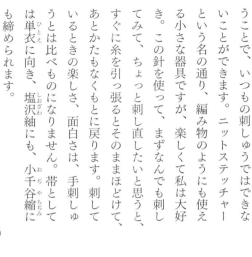

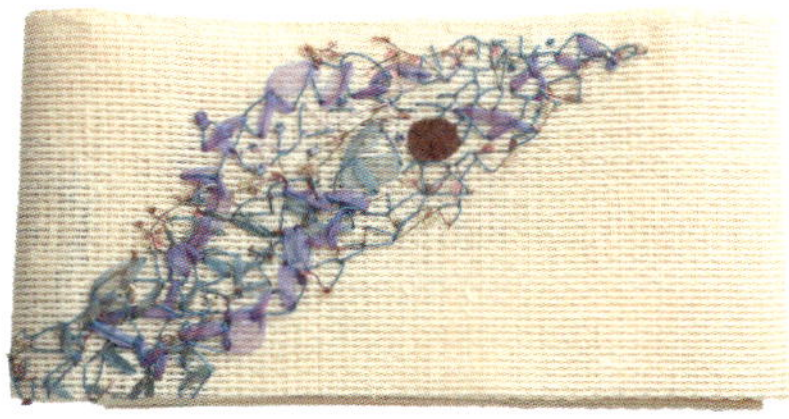

しゃきっと素敵な生皮苧《きびそ》の帯に、デュエット針で

蚕《かいこ》が繭《まゆ》をつくるとき、最初に吐く部分を生皮苧と言います。糸としては、太くて硬いのですが、この部分だけを集めて織った帯です。親しい呉服屋さんが持ってきてくれたもので、私は初めて目にしました。手触りもよく、すぐに何か刺したくなり、どんな刺しゅうが合うかしらと考えました。優しい花模様などではなく、やはり、私の気まぐれ刺しゅうが合いそう。そこで、思い出したのが、「デュエット針」。2つ孔（穴）の針で、2色の糸を通して使う楽しい針です。同じ糸を通すのではなく、リボンと糸のデュエットで刺し進めました。同じ気まぐれに刺しても、針が少し異なることで面白さが変わります。着物は何が合うのかしらと思ったとき、やはり今では珍しい夏の上布にならばなじみそうです。

パスマントリーの糸をほどきながら刺す

この布は帯地ではなく、刺しゅう用の広幅の麻布です。そこにDMCの糸でつくられたパスマントリー(飾りひも)を使って、線刺しゅうをしました。ちょうどDMCとリボンメーカー木馬《もくば》が協力して製作したパスマントリーの発表に合わせて、私が試作したもの。糸で組まれたひも状のパスマントリーをほどきながら、刺しゅうをする新しい手法です。そのひも状の材料ができた年のホビーショーで私はこの帯をつくって締め、木馬のブースでデモンストレーションを。着物は単衣の生成りの塩沢紬でした。

刺しゅうの楽しさを知った、記念の初作品

私が初めてつくった帯です。そして、このキャンバス刺しゅうは、私が刺しゅうに目覚めるきっかけとなったもの。この刺しゅうによって理解したことで、次々にいろいろな刺しゅうに興味を持ち、あれこれ刺せるようになりました。私は子どものころから絵を描いたり、紙や布で何かをつくることが大好きだったのですが、針を持つ縫い物は全く苦手でした。小学5年生の通信簿に「家庭科、特に裁縫が著しく劣り」と書かれているほどです。のちに、そのダメな針を使った仕事をこんなに長く続けることができるなんて、自分でも信じられません。というわけで、これは私にとって記念の帯です。

1本どりの紫根《しこん》染めの糸でシンプルに

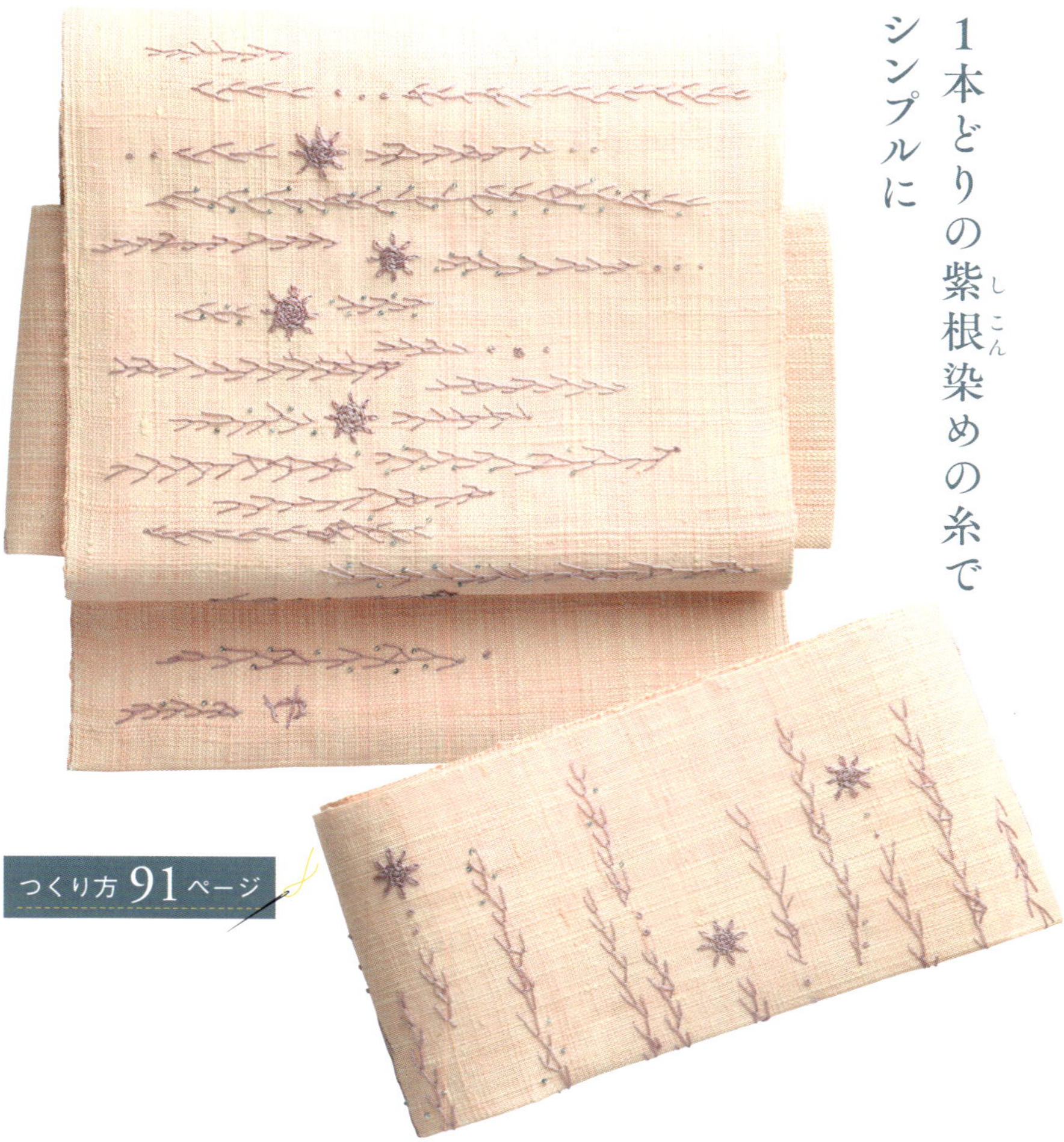

つくり方 91ページ

このベビーピンクの帯地が、しばらく前から私のところにありました。こんな色の無地、いったいどんな着物に締めようかしら。あまりにも幼いイメージのピンク色で、さすがに恥ずかしいと思っておりました。そんなとき、草木染め作家の七字さんが自作の紫根染めの糸を見せてくださったので、私は思わず飛びつきました。私が思った通り、その糸で刺してみると、幼いピンクがシックに感じられるようになったのです。これならば、私の紬たちに締めることができると思いました。色って、だから面白い。もちろん、刺しているときもとても楽しいです。

単純な色の帯に、刺しゅうでインパクトを

ざっくりと織られたそのまま締められる単帯ですが、メリハリのない色味が私は気になって、それを何とかしようと刺しゅうを入れました。中心の黄色の部分を印象的に見せたいと思い、相変わらずの私のフェザーステッチであれこれ色を刺し入れてみました。糸に少しリボンを加えると、多少なりとも色が和んだと思います。おそらくそれで、私の紬にも締められるようになったのでしょう。

帯地とリボンは同系色でまとめ、図案もすっきり

ラメの刺しゅう用のリボンができたときに、早速刺してみました。このくらいの刺しゅうなら、すぐに刺すことができます。中心にバラのステッチを入れたことで、少し華やかになりました。リボン刺しゅうを帯に刺す場合、表現方法や色使いによって、使い道がずいぶん変わります。図案はあまり大袈裟なものではなく、色も同系色にすると、いろいろな着物に締めることができ、便利な1本になります。土台の布は帯地に限らず、着物地や羽織《はおり》地などでも。

つくり方 90ページ

仕立て済みの帯に、そのまま刺しました

無地の帯、無地の帯と、私が何度も言っておりましたところ、名古屋帯にすでに仕立てられている状態のこの帯を、呉服屋さんが私にくださいました。とても美しいブルーの縮緬《ちりめん》の帯です。もちろん、そのまま締められますが、私はまたまた何か刺したくなりました。まずは、２つに帯を切り離して横の縫い目を少しほどき、そこから針を入れて、仕立て済みのままリボンで刺しました。

桜色の染めと刺しゅうで市松風に

草木染め作家の七字良枝さんから貴重な桜染めの染料をいただき、何か染めてみたいと思っていたとき、この帯が私の前にやってきました。この市松のピンクの部分が、私がその染料をスポンジで帯に直接押して染めたものです。片側半分の刺しゅうは、七字さんの染めた布を細く裂いてリボン状にし、スパイダーウェブローズステッチで交互に刺しました。思いがけないめったにできない刺しゅうです。着物はどれが合うかしらと、少し悩みます。日常着ではなく、ちょっと特別なときに締めたいですけれど、私の持っている紬のどれかには使うことができると思います。

着物地に刺した、細かい気まぐれ刺しゅう

私にしては、かなりしっかり刺しゅうをしていると思います。この土台の布は帯地ではなく着尺で、淡い色のぼかし染め。着尺を使うと、帯は2本とれ、そのうちの1本です。いつものように、なり行きで刺し始め、そのあとは次々に気まぐれで刺しましたが、慣れないと進めにくいかもしれません。糸とリボンも、細かく気を使って丁寧に刺しております。布が柔らかく薄手なので、あまり大まかには刺せません。このくらい刺し込まないと、帯として成り立たないため、かなり細かくなってしまいました。着物は日常着より少し改まった江戸小紋などに。

塩瀬の帯地の色違いがありましたので、2本の帯をはぎ合わせてみました。そして、濃い地のほうにだけ刺しゅうをしたのですが、全面に刺すよりもおしゃれになったと思います。しっかりとリボン刺しゅうをしましたので、着物もやはり特別なものがよいと思い、アップリケで刺した付け下げに合わせてみました。普段着に締めるには、ちょっと刺しゅうが多すぎるので、刺す前にどんな着物に合わせたいのかを考えることも大事ですね。

つくり方 92ページ

たっぷりのリボン刺しゅうは、ちょっとよそゆきに

ゆき子オリジナルのダイ・ステッチワーク

ダイ・ステッチワークは、染めの「ダイ」と刺しゅうの「ステッチ」を合わせた手法で、私が名づけました。ある夏の日、渋谷東急ハンズの1日教室で、夏らしい刺しゅうとしてカットワークを頼まれましたが、1日でできるものは限界があります。何かできないかと、店内を歩きまわっているときに、布用染色ペンを見つけ、そこからこの刺しゅうは生まれました。カットする部分を布用染色ペンで染めて、まわりをしっかりステッチすることで、図案によってはまるでカットワークのよう。この帯はカットワークには見えませんが、手法はダイ・ステッチワークです。

つくり方 93ページ

「雪月花《せつげっか》」の文字で、和風イメージに

こちらのピンクの帯も、同じダイ・ステッチワークの手法です。図案が変われば、いろいろな雰囲気が出せます。雪月花の文字をデザインしたものですが、すっかり和風に。着物はあまり気どらない紬なら、だいたい合わせられると思います。

塩瀬のこの無地の帯をある方からいただきましたので、早速、ダイ・ステッチワークの手法を楽しみました。図案としては、勘亭流《かんていりゅう》（歌舞伎の看板などに用いる太くうねりのある書き文字）の文字で、「染」と「縫」にしました。少し込み入った文字ですが、布がしっかりしているのできちんと刺せました。着物はお召《めし》の無地に、小紋の布で丸いアップリケをしたもの。少しよそゆきの感じになりましたが、紬にも似合う便利な1本です。

粋な江戸風の文字をダイ・ステッチワークで

Part 2
リボンコラージュ

ここで使用するのは、
ラッピング用ではなく服飾用のリボンです。
リボンとはいえ、
色も幅も素材もさまざまなものがあるので、
それらの中からお気に入りを選んで、
帯の上にレイアウトします。あれこれ悩んで、
ここぞという位置を決めたら縫いとめますが、
縫い始めたら、でき上がりを信じてもう迷わずに進めます。
リボンとリボンの間に、糸や刺しゅう用リボンで
フェザーステッチをして、表情を出すのもおすすめです。

無地の帯に、いろいろなリボンを縫いとめただけの帯。「これなら、自分でもできる!」とみなさんが思ってくださるような手法です。ところがそんなに簡単でないことは、やってみるとわかりますが、トライしてみる価値はありますよ。リボンのレイアウトをするとき、リボンが喜んでいるかをちょっと考えて、決めることにしています。この帯も、「私、ここがいいの」と、リボンたちが言っているように私には思えます。

リボンを並べて、縫いとめるだけ

私のサインは〝ゆ〟

自分でつくる二部式帯は、たれの部分が気になります。何かつけたくなって、お太鼓の模様の一部分にほんの少し、刺しゅうしたりしていますが、その中に、私のサインをこっそり刺します。私の場合は、名前の1文字〝ゆ〟を、糸やビース、リボンなどで刺しています。みなさんもぜひ、素敵なサインを考えてみてください。

つくり方 92ページ

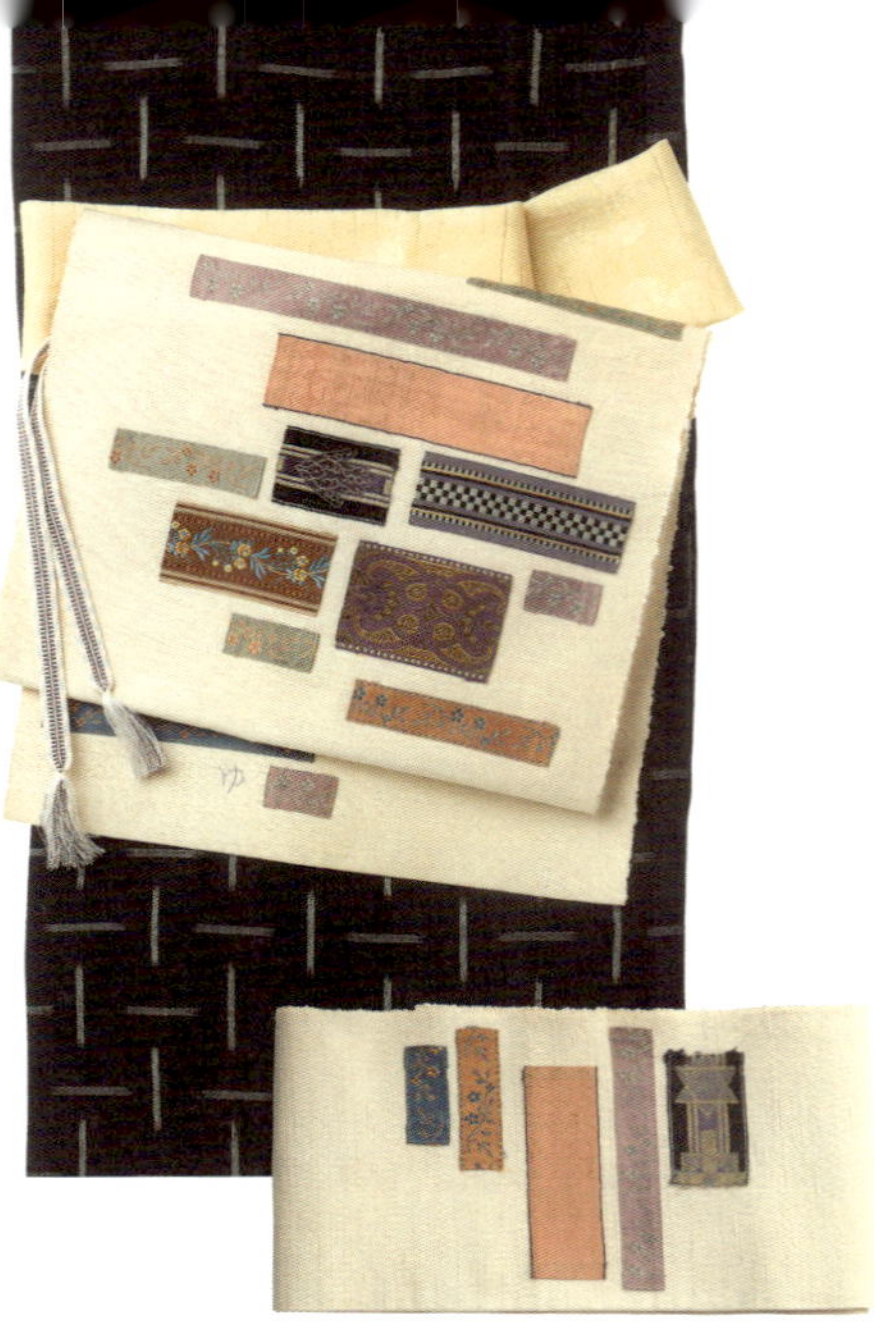

リボンを帯にコラージュした最初の帯

たくさんのリボンに触れて作品づくりをしていた時期がありました。リボンをどのように使えるかを、毎日考えていたのです。あちこちに散らばったリボンを並べながら、これを帯にできないかと思い立ち、すでに使っていたこの帯の裏側に、ちょっとリボンを置いてみました。「これは面白い！」と思い、すぐにリボンを順に縫いとめました。合わせた着物は、母譲りの古いお召《めし》です。

小さなビーズをあしらって、より華やかに

リボンの種類によって、仕上がりのイメージはかなり変わります。このコラージュは華やかなリボンを集めたもので、リボンはしっかり織られていて、幅広のものもあります。数種類を同じくらいの長さに切り、たてまつりで縫いとめるのですが、そのときに小さなビーズを1粒ずつ入れました。華やかになったので、紬《つむぎ》だけでなく柔らかい小紋《こもん》にも合います。

長めのリボンで、きりっと格調高く

リボンの長さも大事です。塩瀬《しおぜ》の帯に、合いそうなリボンを少し長めに切って置いてみました。長さがあると、縫いとめるときに、丁寧に仕事をしないと、しゃっきり感が出ません。合わせる着物は紬とは限らず、お召や小紋も素敵ですが、落ち着いた色調の着物がいいと思います。

帯地と同系色のリボンでしっとり

この帯地は、私がかなり若いころに日常着として着ていた着物を解いて洗い張りに出し、傷んでいない部分を使って帯にしたものです。ちょっと落ち着きのない色なので、当然普段着にしか締められませんが、使うリボンによって、雰囲気が変わると思います。同系色でまとめたことで、安定感のある仕上がりになりました。

手づくり帯の布

◉紬地

◉麻布

帯地として販売されている無地の紬地、洋服用の麻布などがおすすめ。刺しゅうやアップリケを施してから仕立てると、作業しやすいです。

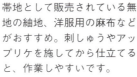

パッチワークのログキャビンをリボンで

この帯はリボンコラージュというより、パッチワークのログキャビン（アメリカの西部開拓時代の丸太小屋をイメージさせるパターン）の手法です。着物にも同じ手法で、モチーフをつくりました。着物のログキャビンの中心には小さな秋草の刺しゅうをしましたので、けっこう手のかかった着物と帯になりました。着物には、秋の七草の和歌も刺しゅうで散らし刺しにしています。

リボン状のレースをレイアウトして

こちらの帯に縫いとめているのは、ラメを使用したリボンのようなレースです。ちょうどそれらの商品がたくさん発表されたときで、講習会の際に私が締めるために、レースを使って刺しました。適当な間をあけてレースなどを置いていますので、コラージュと言えばコラージュです。帯地は優しい色で、新しいレースともなじんで、私の持っている着物に使いやすい1本となりました。

リボンコラージュの楽しみ方

リボンは色柄だけでなく、幅もさまざまなものがあります。その幅ごとに、両耳がしっかりしていますので、好きな長さで切ることができます。耳の部分はたてまつりや星どめぐらいで大丈夫。切った両側の切り口をほどけないように縫いとめるときには、リボンの幅によって縫い方をよく考えましょう。

　組み合わせのポイントとしては、何と言っても色が大切です。土台（帯地）の色の反対色を選び、その同系色にするとまとまりやすいです。次に、リボンの長さはあまりばらつきがあるより、2〜3種の長さにして、並べるときにリズムをつくるように置いてみて、リボンが喜んでいるように感じたらそれでいいと思います。感じることは大事で、配置を決めたら、中心から、または端から順に縫いとめていきます。

　ここで紹介したコラージュのように図案がない場合は、自分で面白がって並べて楽しんでください。ほかの人から見て少し変でも、自分が楽しければそれでいいのです。

服飾用リボン数種類を同系色などでまとめて、セットになったものもある。ここでは、「MOKUBAリボンパッチワーク用ミニカットリボン」を利用。

濃い地に白系

お太鼓とたれ

グレー地にグリーン系

お太鼓とたれ

前帯

ブルー地にピンク系

お太鼓とたれ

前帯

白地に茶系

お太鼓とたれ

オレンジ地に同系色

お太鼓とたれ

生成り地にブルー系

お太鼓とたれ

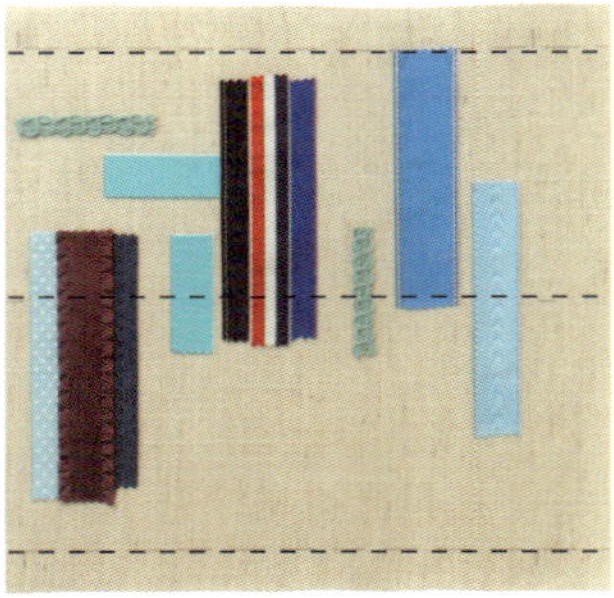

前帯

生成り地に黒系

お太鼓とたれ

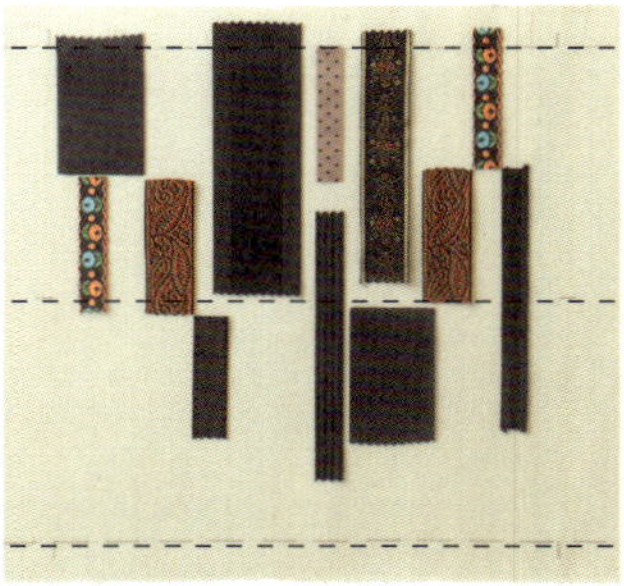

前帯

生成り地に赤系

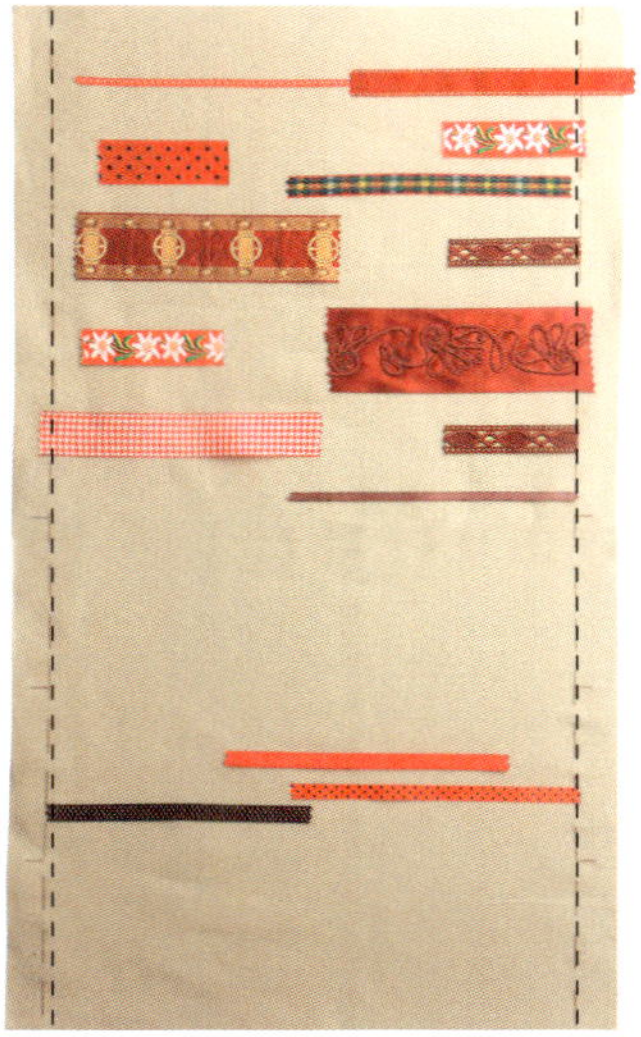

お太鼓とたれ

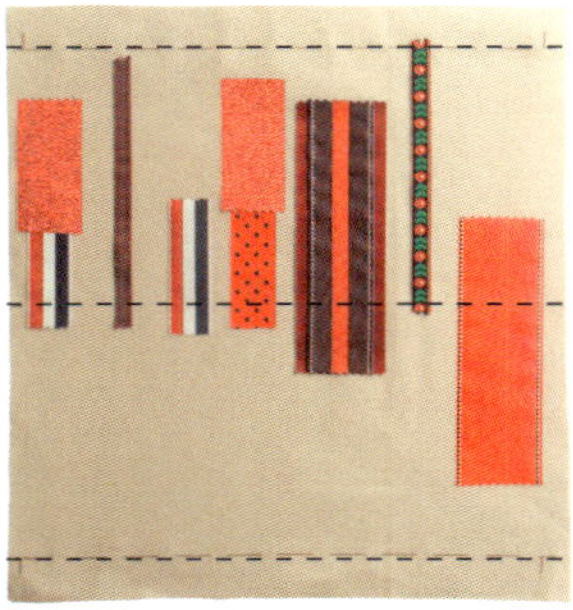

前帯

アップリケ

Part 3

アップリケは別の布で何かモチーフをつくり、
それを土台となる帯に縫いつけます。
そのモチーフをつくるのがいちばん重要で、
どんな形でもよいのですが、
まずはお気に入りの布探しから始まります。
大好きな布でモチーフをつくっていると、
単純な丸や四角でも、「あら、素敵！」となり、
うれしくて楽しくてどんどん進みます。

大小の丸いモチーフは、ふっくらした絞りの布で

まず、優しいモチーフとして、丸から始めてみましょう。丸も大きさや布、帯地の色で、かなり感じが変わります。この丸のモチーフの布はほとんどが絞《しぼ》りで、帯揚《おびあ》げや羽織《はおり》、長襦袢《ながじゅばん》、髪飾り用の布を使いました。丸の大きさは数種類ありますが、あまり数にとらわれず、縫いつけるときも気の向くままに縫いとめました。そのときに、ビーズをひと粒ずつ入れるとおしゃれです。黒八丈《くろはちじょう》の着物に、こんな粋な紫地の帯を合わせたときは、背筋を伸ばし、いつもよりしゃっきりと歩きたいものです。

つくり方 94ページ

モチーフの並べ方

丸い型紙をそれぞれにつくり、型紙に合わせて布を切ります。そして、布のまわりを縫い縮めてつくった丸いモチーフを、好きなところに縫いとめるだけです。アップリケ用のモチーフができたら、実際に縫いとめる前に、置いて試してみましょう。どの位置にどのくらいつけるかによって、仕上がりの雰囲気が変わってきますので、ここは慎重に時間をかけて。そうやって悩む時間も楽しいものです。

モチーフは布のどこを使うかがポイント。それを探すために、「検索用」の型紙があると便利です。

モチーフの布は、古い帯揚げ、半衿、着物、羽織、長襦袢などから。絞り染めはふっくらと仕上がるのでおすすめ。

フェザーステッチを加えて落ち着き感を

丸の大きさはさまざまで、布も数種類使っています。この帯は、どちらかというと、右側にモチーフを集めました。モチーフを縫いとめてから、バランスが気になったら、刺しゅう糸でフェザーステッチなどを入れると、空間が落ち着きます。帯地の色がはっきりとした赤なので、日常着には向きません。江戸《えど》小紋《こもん》など着物の残り布を使っているので、合わせる着物によってはよそゆきになります。

左側に寄せて、適度な空間をつくる

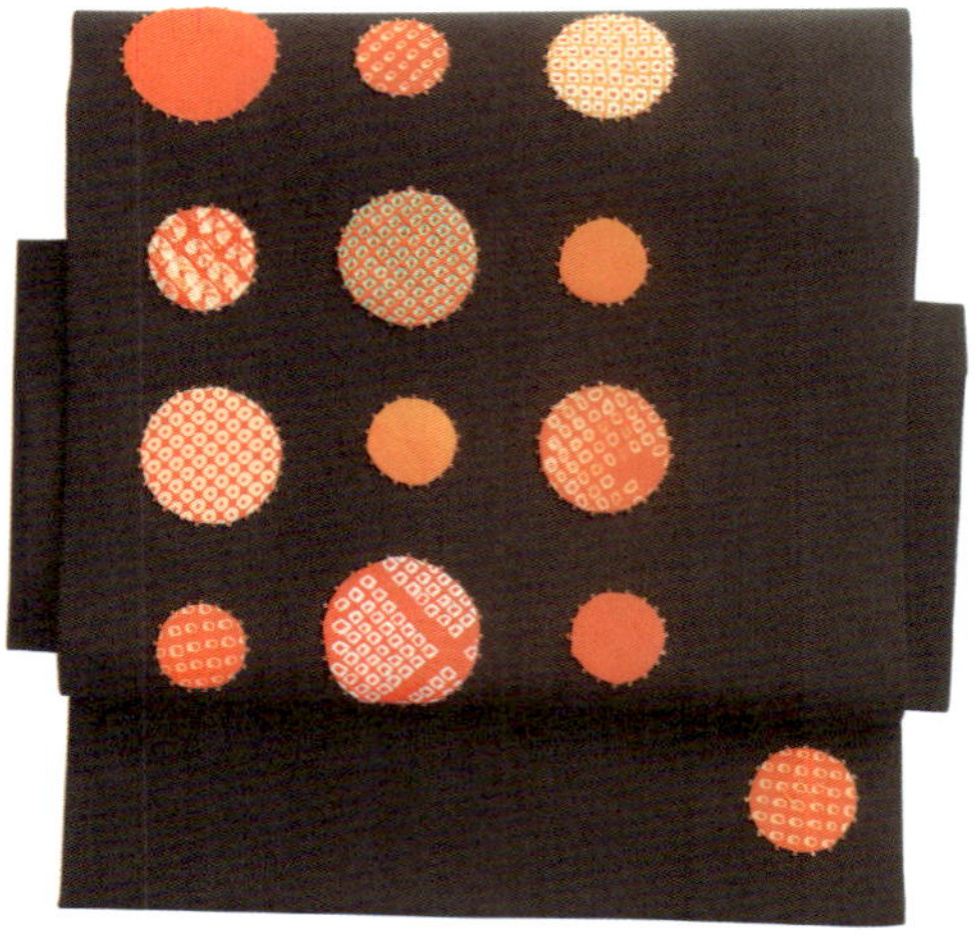

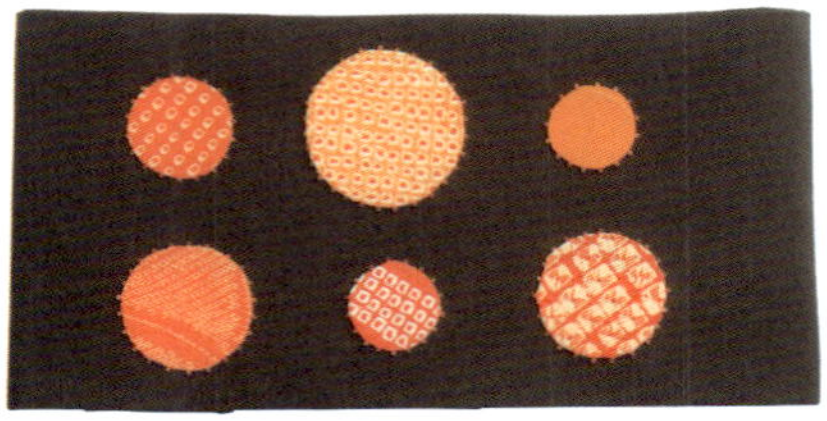

黒の縮緬《ちりめん》地に赤系のモチーフをあしらうと、コントラストのある仕上がりに。大きさは3種類ですが、同系色なので統一感があります。モチーフを左側にまとめて右側に空間をつくったことで、すっきりとした印象に。前帯の部分も帯を巻くときに、無地とのバランスを考えながら柄を出しましょう。

少しずつ並べていきます

モチーフを並べるときは、お太鼓、たれ、前帯の3か所を出し、バランスを見ながら1つずつ置いてみましょう。並べ方は自由で、決まりはありません。お太鼓の全体、右側だけ、左側だけ、中心だけなど、楽しみながら配置を決めてください。

【お太鼓】

【たれ】

【前帯】

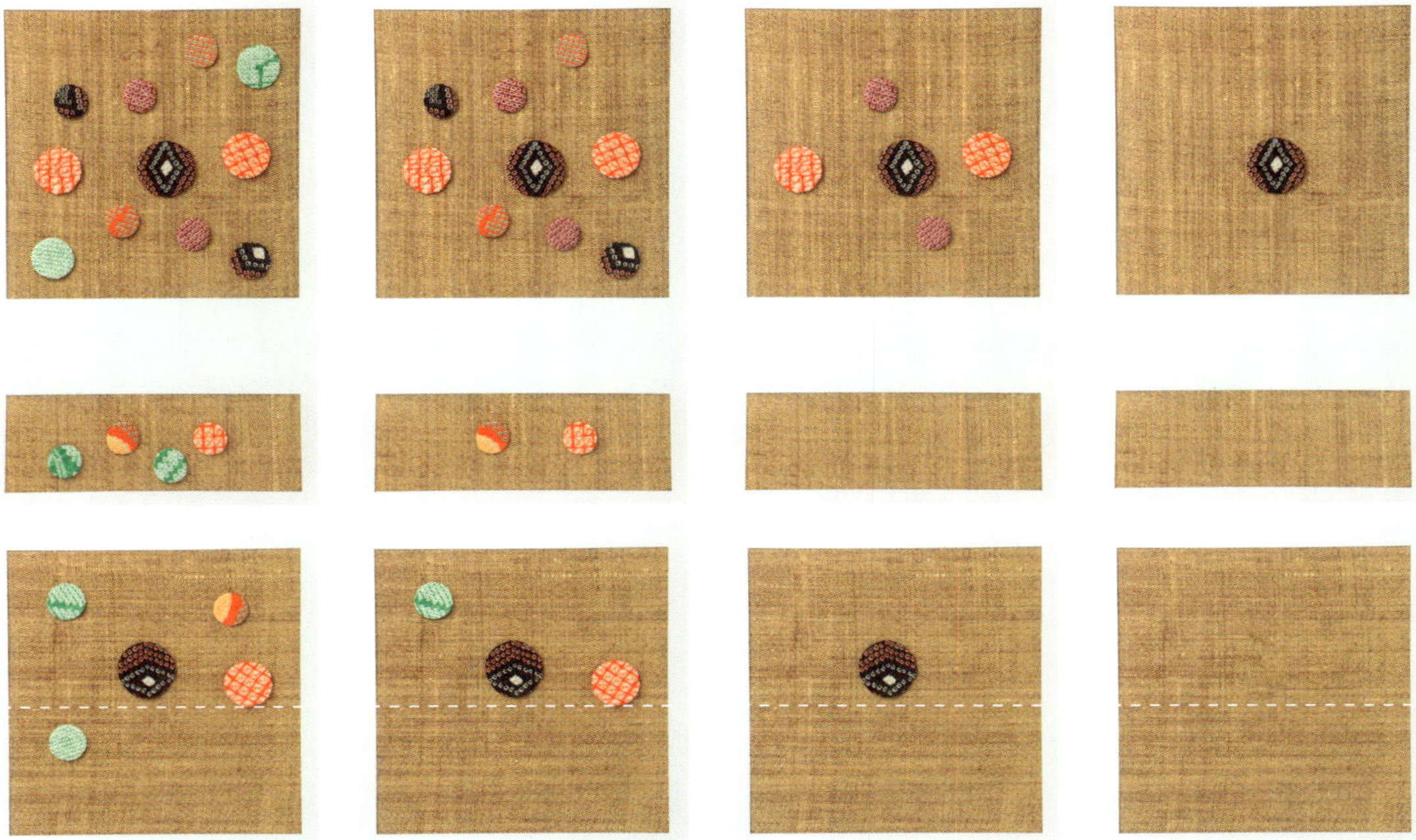

【お太鼓】

【たれ】

【前帯】

異国の布を棒状のモチーフに

タイかインドネシア、どちらかのお土産にいただいた、青い模様の美しい布がありました。その布で帯をつくることも可能でしたが、模様の細かいところをアップリケにと思い、切りとることにしました。ちょうど結城紬《ゆうきつむぎ》の着尺が手に入りましたので、布をのせてみましたら、「あら、ぴったり」。棒状（長方形）のモチーフにしてレイアウトをし、刺しゅう糸でフェザーステッチをすると、よりおしゃれになったと思います。いろいろな紬に締められそうです。

つくり方95ページ

着物のあまり布も使えます

私がまだ10代のころ、母は「まあ、珍しい」と言って、この夏の着物を買ってくれました。薩摩上布《さつまじょうふ》という今でもあまり見かけないものです。この着物、若いころに着た覚えはなく、ずっとタンスに眠っておりました。近年になって、洗い張り、仕立て直しをしてもらいました。そのときにあまった布を、帯のアップリケのモチーフとして使い、少し刺しゅうを加えたら、着物とお揃いになりました。残念ながら、私はもう無理ですが、娘たちなら着ることができるでしょう。帯は別の上布にも締められると思います。

母の古い着物についていた蝶

蝶のモチーフは、母の古い訪問着《ほうもんぎ》に縫いとめられていたものです。今にも破れそうでしたが、気になって、まわりの糸をそっと外してみると、裏側には和紙が張られていました。蝶の形は写実的ではなく、しっかりデザイン化されているので、私なりに少し手を加え、使わせてもらっています。帯の素材は塩瀬《しおぜ》で、紬以外、お召《めし》や染めの着物に締められます。

つくり方 96ページ

奈良の正倉院《しょうそういん》の御物《ぎょぶつ》の布に魅せられた、京都・西陣《にしじん》の染織家・龍村平蔵《たつむらへいぞう》さん。その龍村さんが研究して復元された「経《たて》錦《にしき》」の帯が出まわった時期があったらしく、母も龍村さんの帯を持っていました。とても締めやすかったのか、かなり傷んでいたのですが、母は二部式帯に自分でつくり直して愛用していました。おそらく、同時代に入手したであろうもう1本の帯は、母は半幅にして締めていました。私もその帯が結びやすく、どの着物にも合わせやすいので使っていましたが、さすがにあちこち傷んできていました。

帯をほどき、傷みの少ない部分をアップリケにと思ってつくったのがこの帯です。アップリケの形から、まるでビスケットのようなので、私は「ビスケットの帯」と呼んでいます。ただ、普段使いには合いませんので、パッチワークを施した付《つ》け下《さ》げに合わせると、ちょっとしたよそゆきになります。

母の帯を切りとった〃ビスケットの帯〃

タイシルクの布を塩瀬の帯に

日本の絹とは異なる風合いのシルクのマフラーやショールが販売されています。この帯は少し変わった織りのタイシルクの布（ショール）にリボン刺しゅうをしたものです。そのままショールとして使ってもよかったのですが、塩瀬の帯にアップリケとして縫いつけました。おしゃれな帯になったと思います。普段着より少し柔らかい着物にも合わせられると思い、ここでは、同じようにリボン刺しゅうを施したぼかしの着物に合わせました。もちろん、紬でも大丈夫です。

つくり方 100ページ

〝水に溶けるシート〟でつくったモチーフ

単帯《ひとえおび》に葉のモチーフ

フリーレースの手法でつくった葉のモチーフは、これまでなかった新しい手法です。水に溶けるシートが発明されたことで、いろいろな楽しいことができるようになりました。リボンをこのシート（糊つき）の上に置き、その上にもう1枚の別の溶けるシートをのせて、その上からミシンをかけます。水につけると、上下のシートが跡形もなく溶け去り、リボンとミシンの糸だけが残り、それがレースのように見えます。これを帯に縫いとめます。

リボンやレースのはぎれを並べて

水に溶けるシートの上に、オーガンジーリボンや小さいレースのモチーフ、リボンのはぎれなどを並べて、上から溶けるシートをのせます。まわりから押さえるようにミシンをかけ、水に浸してリボンや糸だけが残るようによく洗い流します。布が乾いてからアイロンを当て、帯の上に縫いとめます。

四角い布を市松《いちまつ》風に組み合わせて

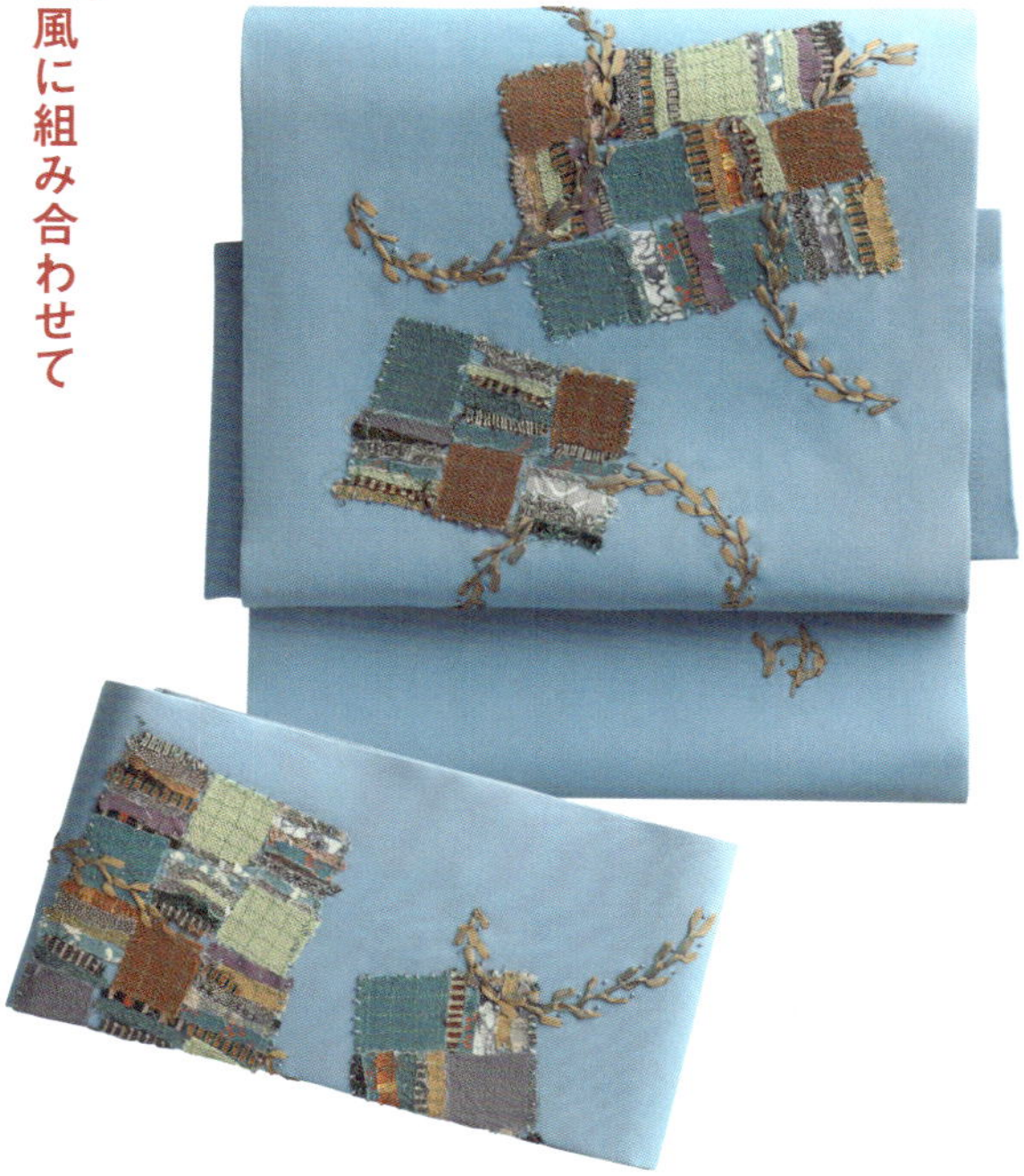

布はきりばめ（48ページ）などに使った、切り落としの布を集めておいたものと、無地の布を四角に切ったもの。それらを色合いを考えて、シートの上に市松模様のように置きます。上からシートをかぶせ、全体にしっかりミシンがけ。水でシートを溶かして、モチーフが乾いたらアイロンを当てて、帯に縫いとめます。少しリボン刺しゅうをあしらって完成。

きりばめ

Part 4

きりばめは「切り嵌め」と書き、
日本には古くからあった技法のようです。
布を切り抜いてそこに別の布を嵌め込んだり、
布と布をつないだりするので、
見た目はパッチワークと似ています。
なら、簡単！と思われがちですが、
このきりばめは、意外に
難しいところがあります。
まず大事なのは、縫い合わせる布で、
祖父母や母の着物のはぎれをいろいろ集めて、
あれこれ組み合わせるのは、
とても楽しい時間です。

京都で見つけた、重みのあるはぎれで

一人旅の京都で、素敵なはぎれに出会いました。朝、ホテルで見た新聞記事に布絵の展覧会のお知らせがあったので、ぜひ見たいと訪ねたところ、会場内にはたくさんのはぎれが売られておりました。布絵よりも箱の中のはぎれに興味を持ち、箱の中をひっくり返して、気になったものを何枚かいただいて帰りました。

そのときに入手した布と、私が持っていたものとを一緒に縫い合わせたのが、この帯です。さすがに布（正倉院《しょうそういん》文様や名物裂《めいぶつぎれ》など）に重みがありますが、もう少し考えてつくった方がよかったと思っています。というのも、これですと、格調がありすぎて、私の着物のどれにでも合うとは言えないからです。布の力ってすごいですね。

私が最初につくったきりばめの帯（55ページ）は、色が少し華やかすぎると思っていました。何とか落ち着いた色をと思って、次々につくったのですが、その中の1本がこちらです。ちょうど手元にあった布を合わせたもので、派手でもなく地味でもなく、どんな着物にも合わせやすい1本になりました。この着物は色にこだわる山形県の染織家、山岸幸一《やまぎしこういち》さんの作品です。優しい自然の色で、この帯とも何気なく合うように思います。

草木染めの紬《つむぎ》に、優しい色合いがなじむ

つくり方 98ページ

この帯も、何本も続けてきりばめの帯をつくっていたときにできたものです。50ページの帯と同様に、派手すぎず、地味すぎずを意識してつくったものなので、使いやすい色味になりました。合わせた布も、古いものより新しいものを意識して選びましたので、幅広い年代で締められると思います。ここでは小花模様を染めた小紋《こもん》に合わせていますが、この着物のはぎれも帯に活用しています。

紬や小紋に合わせて、軽やかに

リボン刺しゅうを加えたことで、出番の多い1本に

女性誌の依頼でつくった帯です。初めてつくったきりばめの帯（55ページ）と、分割の型紙は同じですが、使う布はかなり意識して選びました。少し色が変わるだけで、仕上がりの印象が異なるので面白くなってきたところです。リボン刺しゅうも少し刺し入れたので、リボン刺しゅうの講習会や展示会のときにも締めることができました。私の着物は紬が多く、柔らかいものはあまり持っていません。でも、この帯は紬にとてもよく合うので使用頻度が高く、重宝したものです。

きりばめの帯との出会い

私が初めてきりばめの帯を見たのは、以前、銀座にあった和装小物店「くのや」に、母と一緒に行ったときです。「珍しいのがある」と母。ショーケースにすっきりとしたデザインのものと、西陣織《にしじん》の立派なものと2点並んでいたのを出して見せてもらったのですが、母も私もすっきりの方が気に入りました。母は表から裏からじっくりと見て、「ありがとう、きょうはやめておくわね」と買わずに店を出ました。そして、「あれなら、私にもできる」と言いました。今の私はこのときの母と同じようなことを、あちらこちらでしているように思います。やっぱり母譲りなんですね。

年相応に、少し地味な布で

歳を重ねるに従って、当然、着物も帯も変わらなければ。となると、できるだけ長く使えるようなものを、と思って、地味めな布でつくってみました。しかし、残念ながら、あまり出番がありませんでした。着物はともかく、帯は年齢より少し派手なもののほうが楽しいのかもしれません。ただ、年相応のものがあると思うだけで、少し安心でした。

義母の手描き更紗《さらさ》の布とともに

きりばめの帯をいくつもつくっていたころ、少し変わり種もほしいと思い、布を探しておりました。そのとき、見つけたのが、手描き更紗を習っていた義母が、おそらく練習で染めたらしき布です。義母のお稽古の際、義姉と一緒に仲間に入れてもらったことがあり、私にとっても懐かしい布でした。その布を含めて縫い合わせたものです。無地に近い小紋の着物やお召《めし》にも合いそうです。

初めてつくったきりばめの帯

銀座の「くのや」さんで母ときりばめの帯を見てから、何年も経って、初めてつくった帯がこちらです。女性誌の依頼でしたが、母はもう亡くなっていたので、どのようにつくろうとしたのか聞くこともできません。お店で見た帯を思い出しながら、何とかつくりました。その後、リボン刺しゅうの仕事をするようになって、きりばめの帯に縫い目の間から針を入れ、ほんの少しリボン刺しゅうをして、よく講習会などに締めて行きました。

好みの布をさりげなく忍ばせて

昨年、久しぶりにきりばめの帯の講習会をしました。モデルになってくれた彼女は、そのときの受講者の一人です。まずは型紙をつくり、布を選び、すべてキットにしておきましたが、彼女は自分の着物のはぎれを、ひそかに帯の中に入れることができました。さらに、布があまったので、小さな手提《てさ》げ袋もできました。仕立ては専門家にお願いし、この帯が完成しました。

細長く切った布をつないでいくだけ

私がつくったきりばめの帯の中では、少し分割が変わっています。このような形があってもいいのではと思い、布を適当な幅で細長く切り、ただ縫い合わせました。簡単そうに見えますが、地の目はしっかり通さなければなりませんので、丁寧に進めます。型紙もあったほうがしっかり縫えますので、つくっておいた方が仕事がスムーズです。布は以前から、私のまわりにあったものばかりですが、気どったところがなく、手軽に締められる帯になりました。

この帯はきりばめと言えるかどうかわかりません。まず、雲取りぼかしの染め帯がありました。そのままで何の文句もなく美しい帯でしたが、いつもの私の癖で何かしたくなりました。そこで、斜めに無地の縮緬《ちりめん》の布をはぎ合わせました。そこにリボンとビーズで少し遊んでみただけ。柔らかい染めの着物にも合います。

染め帯と無地の縮緬を斜めにはいで

墨《すみ》描《が》き

Part 5

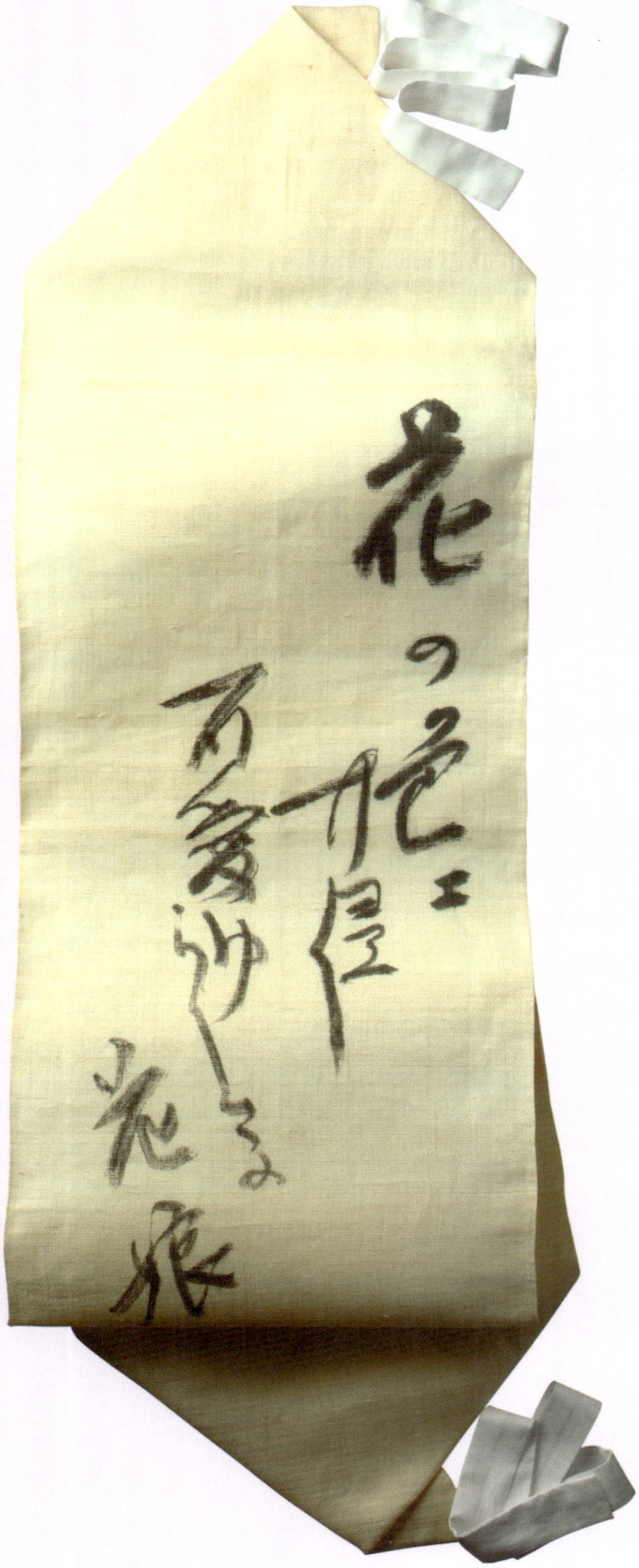

白や生成りの帯地に、書道用の墨と筆を使って、
好きな文字や和歌を書いてみました。
以前から墨描きはしていたのですが、
左手が不自由になってからは、筆を持つことが増えました。
墨描きの重要なポイントは、
うまく書こうと思わないこと。
まずは筆を自由に動かして楽しむことです。

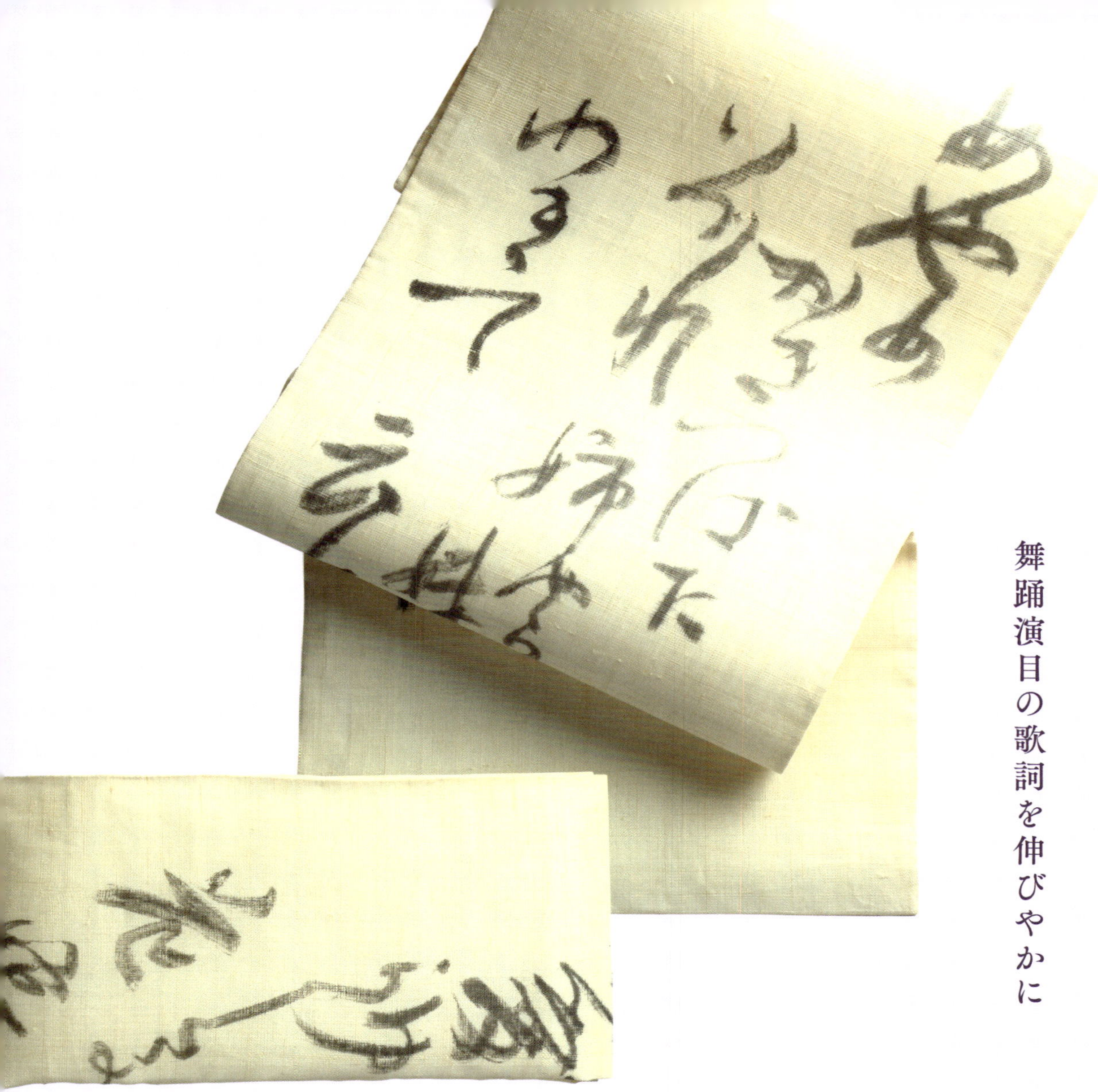

舞踊演目の歌詞を伸びやかに

舞踊劇や長唄の「京鹿子娘道成寺《きょうがのこむすめどうじょうじ》」は、歌舞伎でも人気の演目の一つです。鐘の供養があると知ったヒロイン、白拍子《しらびょうし》の花子が寺にやってきたとき、「聞いたか聞いたか聞いたぞ聞いたぞ」と言いながら、ぞろぞろ出てくる坊主たちが、「聞いたか坊主」です。

劇の途中で、聞いたか坊主が傘を持って踊るときの歌詞をお太鼓に書きました。「あやめかきつばた」の前に、梅と桜の歌詞がありますが、花としてあやめとかきつばたの方が、どちらが姉やら妹やらと言うように、紛らわしく思いましたのでこちらに。「わきて云われぬ　サヨヱ　サヨヱ　可愛らしさの花娘」と歌詞は続きます。そこで、この部分を胴に書きました。道成寺の唄はとても長いです。よい歌詞も多くありますが、一節が長すぎるのは書くのに不向きです。

合わせる着物は、やはり、小紋《こもん》やお召《めし》がよいですね。普段着の紬《つむぎ》には合わないように思えます。

芙《ふ》蓉《よう》の花の着物に合わせて詠んだ歌

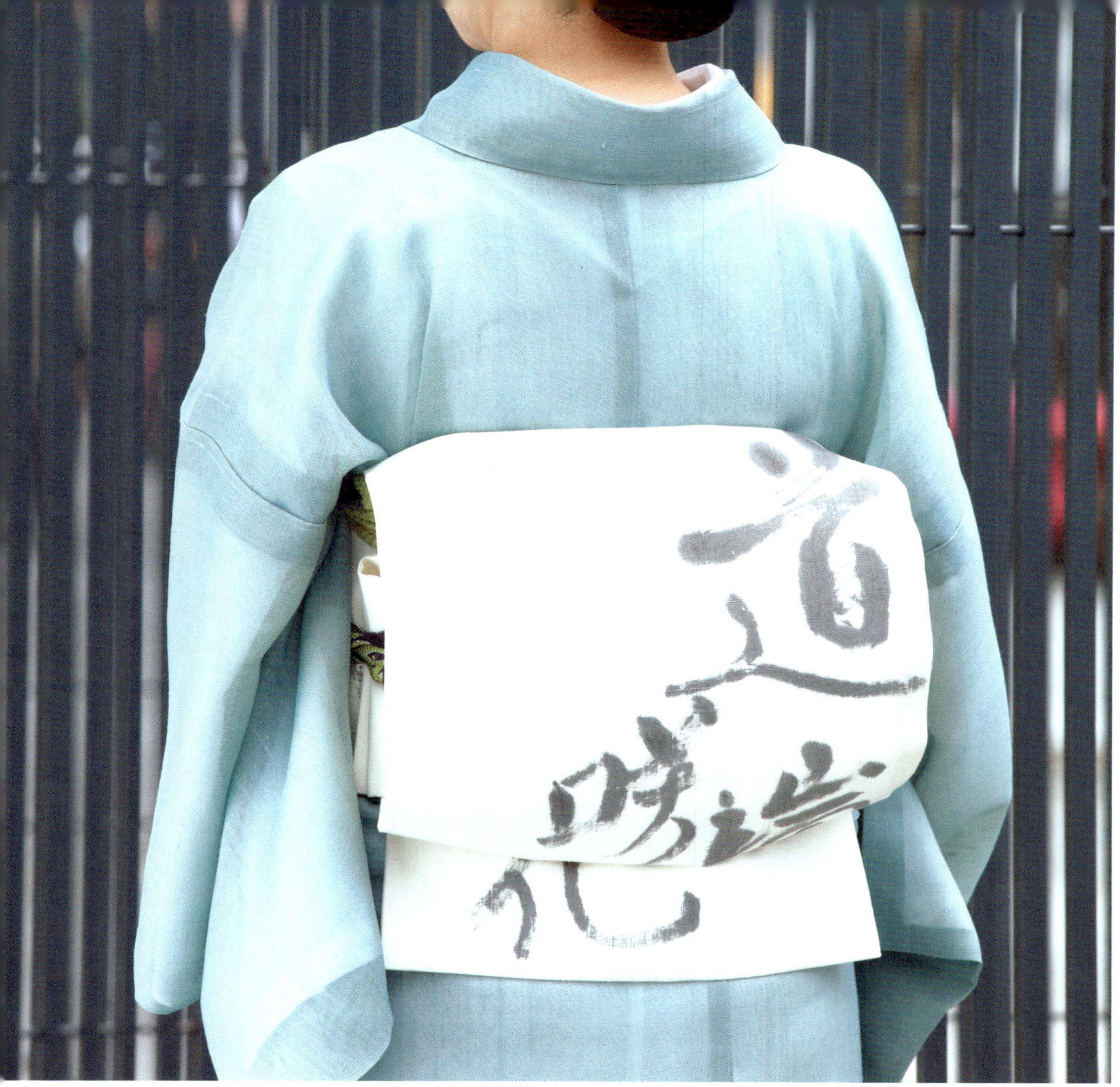

ある夏の日、自宅の近く、昭和通り沿いにある舗道の植木の横に、びっくりするほど見事に元気に咲いている芙蓉の花がありました。私は感動すると、すぐに言葉が出てきます。31文字で、「道端に咲き誇りたる芙蓉花　負けじと私布の上　リボンの花を咲かせたりける」と詠みました。そして、早速リボンを使って、フリーレースの手法で芙蓉の花を。ちょうど京都の呉服屋さんから「いかがですか?」と送られてきた着尺の中に、夏物の絹芭蕉《きぬばしょう》とやらがあったことを思い出し、芙蓉の花は、私が初めて見たその素敵な布にアップリケのように縫いとめました。

付《つ》け下《さ》げの柄づけのようにしたので、京都に送り、私の寸法ではなく、標準寸法で仕立てていただきました。どう考えても、私が着れるとは思えないような着物ですもの。しかも、これに締める帯のことなど、何も考えておりませんでした。このたび、何本かの新しい帯を墨で書くことにしましたので、そのうちの1本をこの着物に合わせてみました。歌をつくり、芙蓉の花のアップリケをした着物と一対にして、その歌を帯に書いています。夏のあの日に見たときのままです。

私が着るにはちょっと恥ずかしい夏の着物が、義姉のところからやって来ました。その着物に合わせるために、書いたのがこの帯（素材は孟宗竹《もうそうちく》から繊維をとりだした竹絲布《ちくしふ》）です。

「さて、何を書きましょう」、夏の定番の曲として、長唄「岸の柳」があります。江戸から昭和初期にかけて栄えた花街・柳橋《やなぎばし》（現在の東京都台東区柳橋）の芸妓を歌った唄です。日本舞踊でも夏の定番なので、私も踊りのお稽古をしていた若いときに、世田谷のどこかの神社の舞台で踊った記憶があります。今回のこの帯には、その岸の柳の唄い出しから書きました。

「筑波根《つくばね》の 姿涼しき夏ころも 若葉にかへし唄ひ女が 緑の髪に風かほる」

夏の唄にいくつも筑波の唄があります。江戸の人々にとって、四季折々に筑波山から吹く風は、そのときどきの風情があったと思われます。唄い出しの部分をお太鼓と胴に書きました。唄は「岸の柳の流し目に　その浅妻のもやい舟」と続きます。この帯を締める着物としては、やはり夏らしい平絽《ひらろ》や絽縮緬《ろちりめん》がさらりとして涼しげでよいと思います。

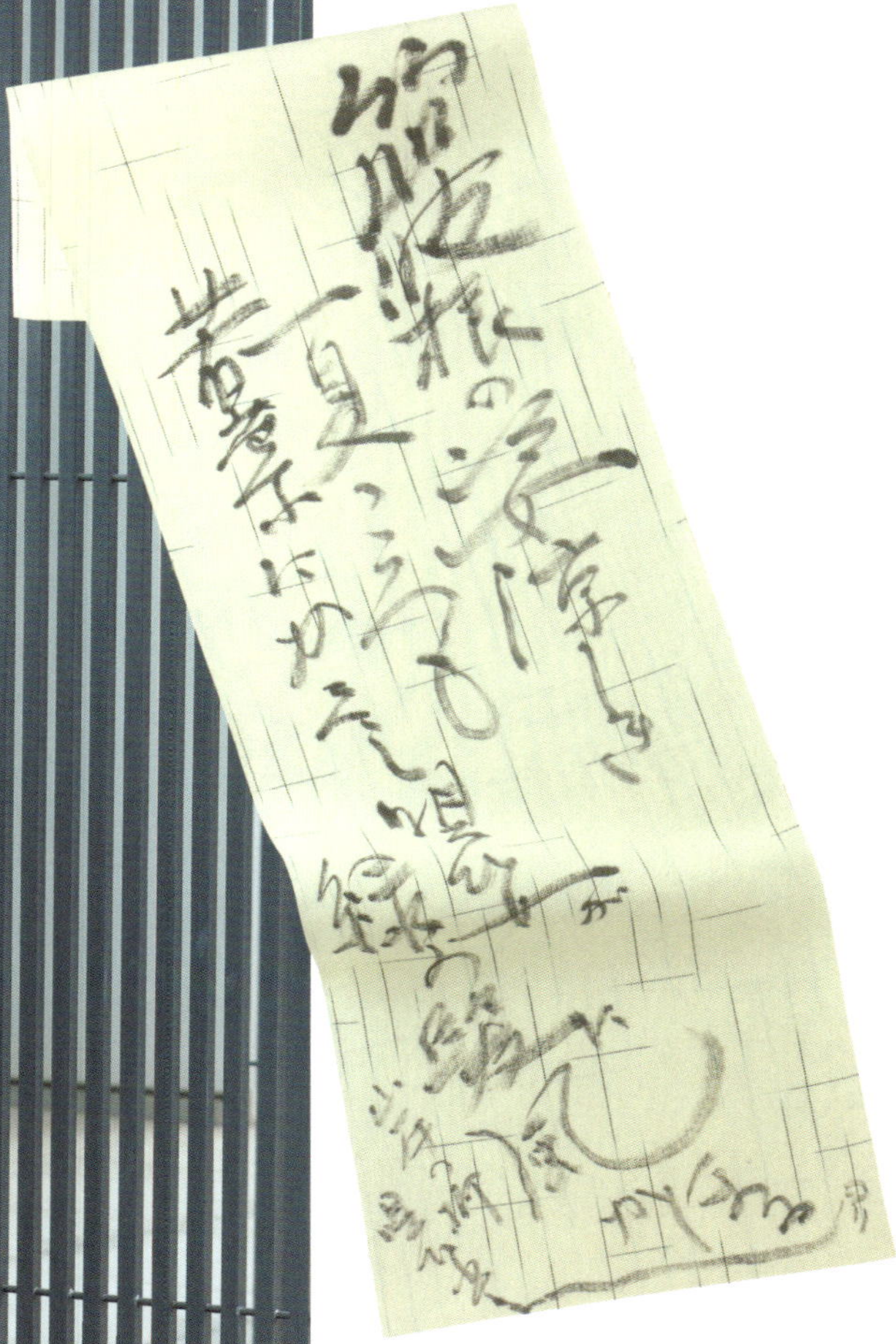

江戸の夏を唄った曲目を涼しげに

蝶のモチーフから浮かんだ歌

文字は私がこの着物に合わせて詠んだ歌です。蝶の柄を見ていたら、こんな歌が浮かびましたので、一気に書きました。
「てふてふは黄泉《よみ》の国のお使いで　その通い路に何想う」

墨描きをした帯は、手書きができる素材として、呉服屋さんが探してくださったもの。生地はしっかりとした紬のようですが、あまりおうとつはないので書きやすいです。

蝶のアップリケをした着物は先につくってあったものです。蝶の部分は、母の古い絞《しぼ》りの羽織《はおり》から、ちょうどよいところを切りとり、京都の呉服屋さんに依頼して付け下げ風につくってもらいました。この帯はほかの着物には合わせにくいと思いますが、無地の紋付《もんつ》きや細かい小紋染めならよいと思います。

「いろは歌47文字」なら、誰にでも書けます

「いろは歌47文字」は、私たち日本の国の大切な言葉です。「伊呂波」など漢字にも置き換えられたりして、私はとても素敵な歌だと思います。帯に書くには、それぞれ好きなところだけでよいと思いましたが、この帯はいろは歌のメロディとともに、47文字を一気に書きました。メロディは子どものころからあちこちで聞いて知っておりました。九州（福岡県）の民謡、「酒は飲め飲め飲むならば～」の黒田節《くろだぶし》です。このメロディにいろは歌をのせるのですが、帯に書いているときも、頭の中でずっと歌っていました。

どんな着物にも合いそうですが、ここでは結城紬《ゆうきつむぎ》に結びました。白地なので、濃い地の着物に合わせると、コントラストが効いてモダンに見えます。

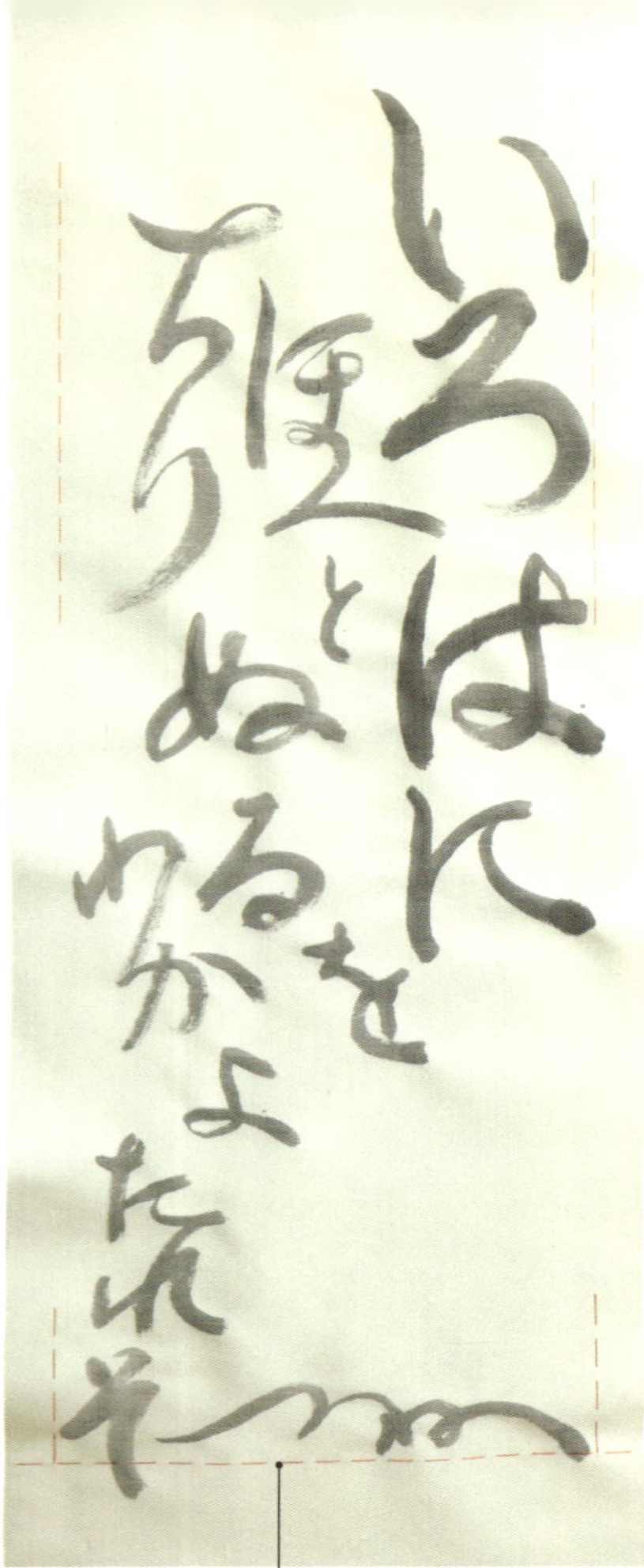

たれ下

お太鼓

文字を書く前に、仕立て上がったときの帯幅のサイズ（約30㎝）とたれ下のラインをマークしておくと安心。たれ下から少しはみ出ても気にしないで。

墨汁でもよいのですが、墨をすると、濃淡がきれいに出ます。

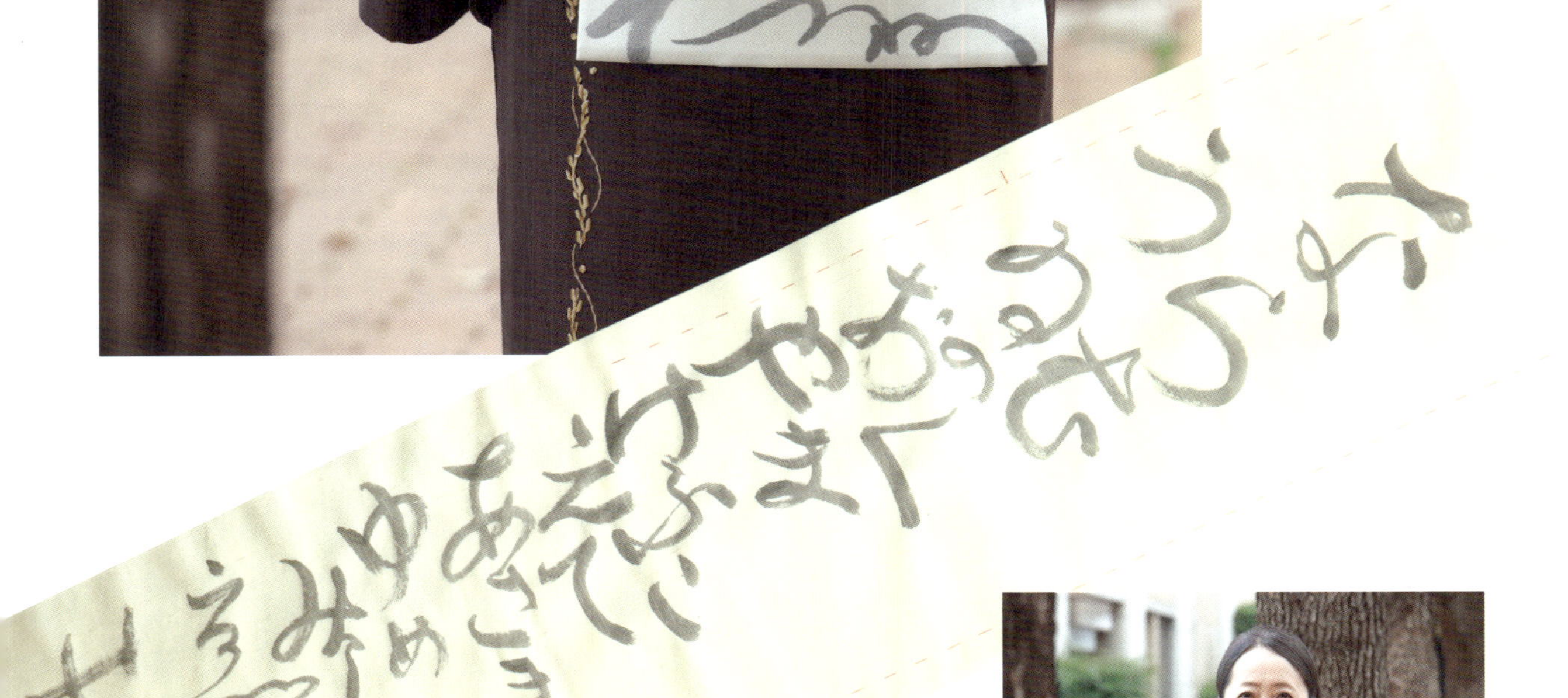

胴

胴に巻く部分も、帯幅（約30㎝）をマークし、半分に折ることを少し意識します。文字は縦書き、横書き、どちらでも。

筆を動かすだけで、何かが描けます

いきなり帯に筆を使って、文字を書くのに抵抗のある方は、文字ではない何かを描いてみましょう。文字や絵を描くのではなく、筆を動かすだけと思って、楽しんでください。たとえば、○×△□などを好きなだけ続けたり、とても絵とは思えないいたずら描きでよいと思えば、気が楽になります。

愛用の太い丸筆を使って、下書きはせずに文字から絵まで一気に描きます。「少しくらい失敗しても、気にしないことです」。

この帯は、ステッチの図案を魚の鱗《うろこ》のように描いてみました。ただ、長く線を引いてから、その横に小さな花などを描いても楽しいと思います。心配なら、花びらだけを上下左右に描いたり、葉のつもりで二葉を描くなどを続けても。一番重要なのは、上手く描こうなんて絶対に思わないで、まずは筆を持って動かすことです。少し慣れてくると、きっと面白くなるはずです。

手づくり帯の布

◉白生地

墨描きをする場合は、染め加工を施す前の帯の白生地に。

墨描き＋葉っぱのアップリケ

フリーレースのシート（46ページ参照）を使って、葉っぱのモチーフをいくつかつくります。このモチーフをつくっておくと、帯や袋物など、いろいろなところに使えます。アップリケで縫いとめる前に、墨で何か（文字でもなく絵でもなく）描いておくのもよいと思います。あまり気どりすぎないデザインで、普段着に合わせられる楽しい帯です。

墨描き＋あっさり刺しゅう

これら3点の帯は、筆を使わずに刷毛で描きました。障子を貼るとき糊をつける刷毛に墨をつけ、描くというより、さっとはくように刷毛を動かしただけです。違いは刷毛の動かし方や、墨の濃度くらい。あとは墨が乾いてから、ほんの少し刺しゅうを刺し込むことで形が整います。刺しゅうも難しく考えずに、単純なデザインで十分。日常着の着物には、こんな帯がよく合います。

二部式帯の結び方

二部式帯のつくり方には、さまざまな方法があります。ここでは小倉流二部式帯で結ぶ一重太鼓《いちじゅうだいこ》を紹介します。

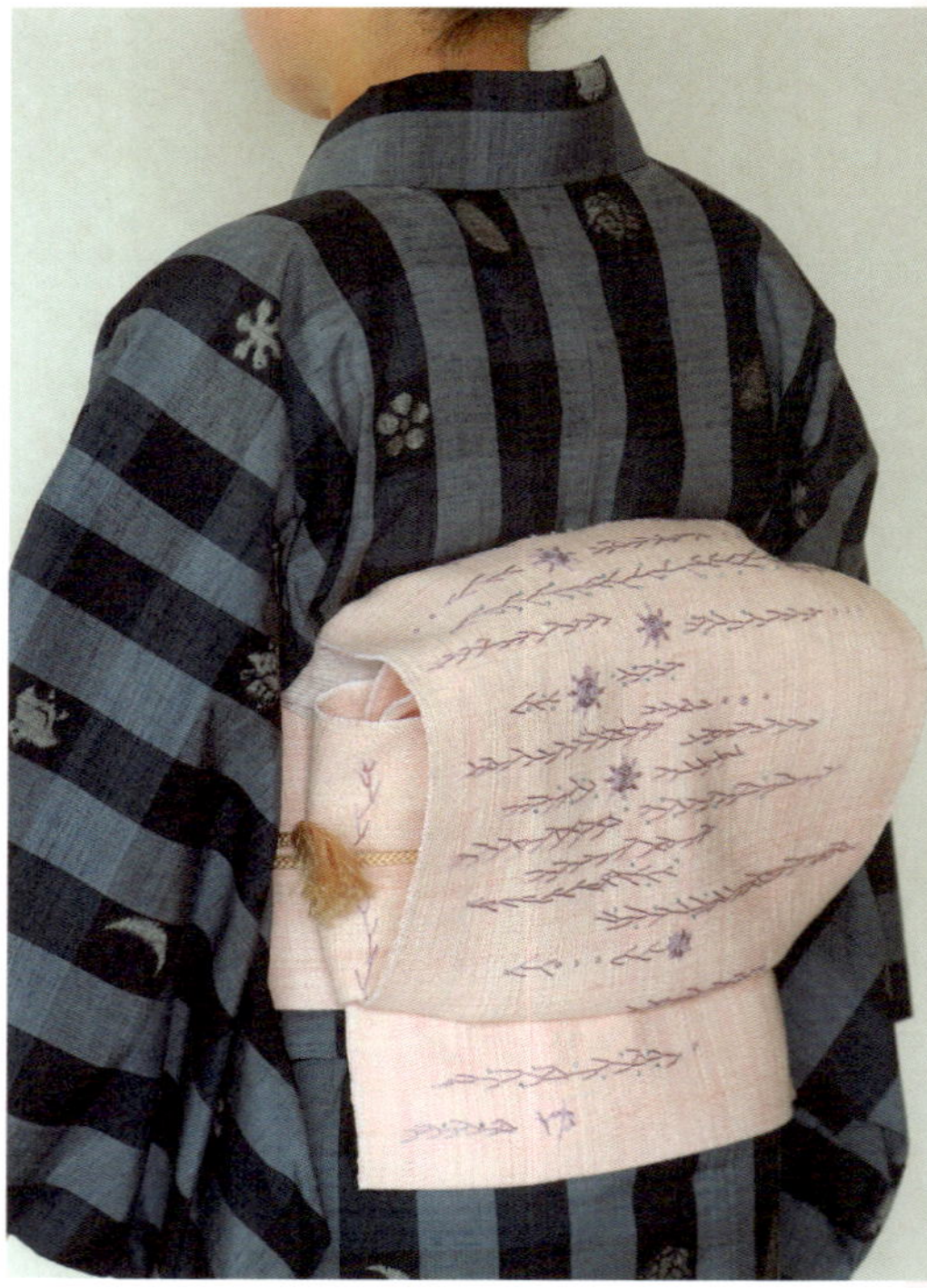

1 胴の部分を巻く

1

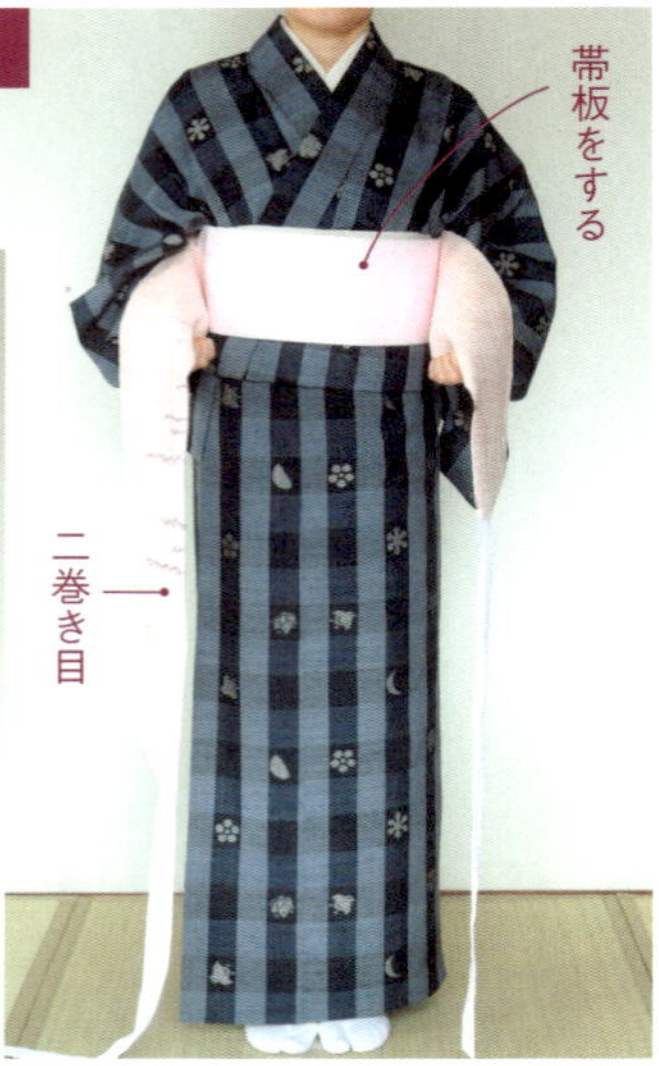

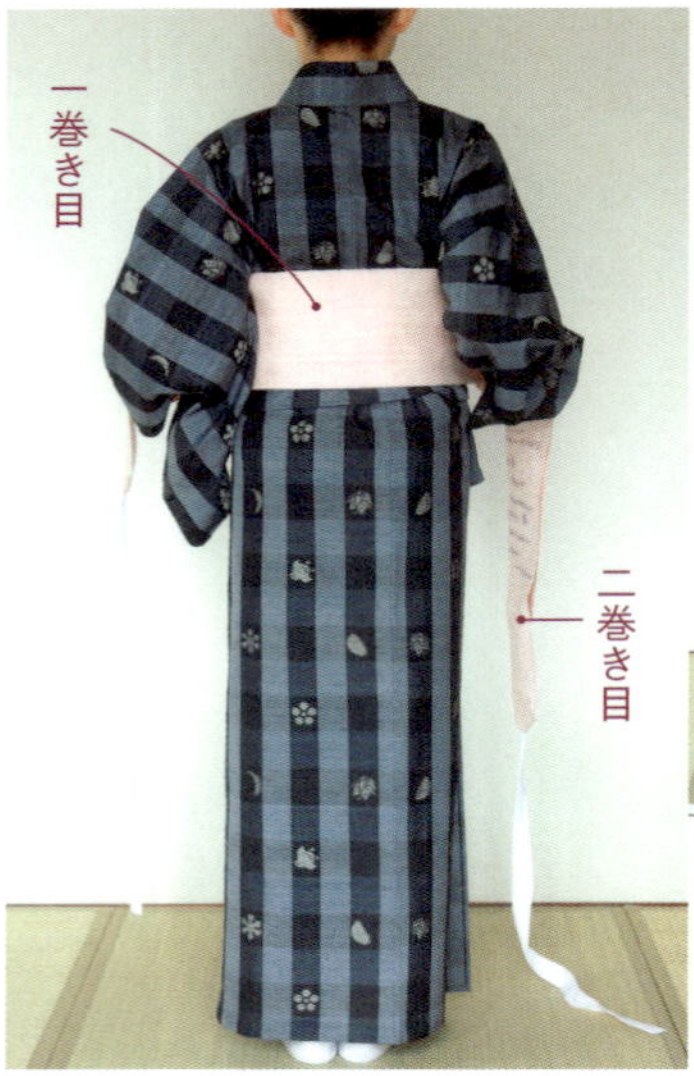

帯のわ（ひもがついた方）を下にして、一巻き目を背中に当てる。

2

一巻き目を胴に巻く。
ひもが自分の体の右脇にくるくらいを目安に。

二巻き目を巻き、前帯の柄の出具合を確認する。

二巻き目を後ろにまわし、ひもを持つ手を左右入れ替える。左手で一巻き目のひも、右手で二巻き目のひもを持つ。

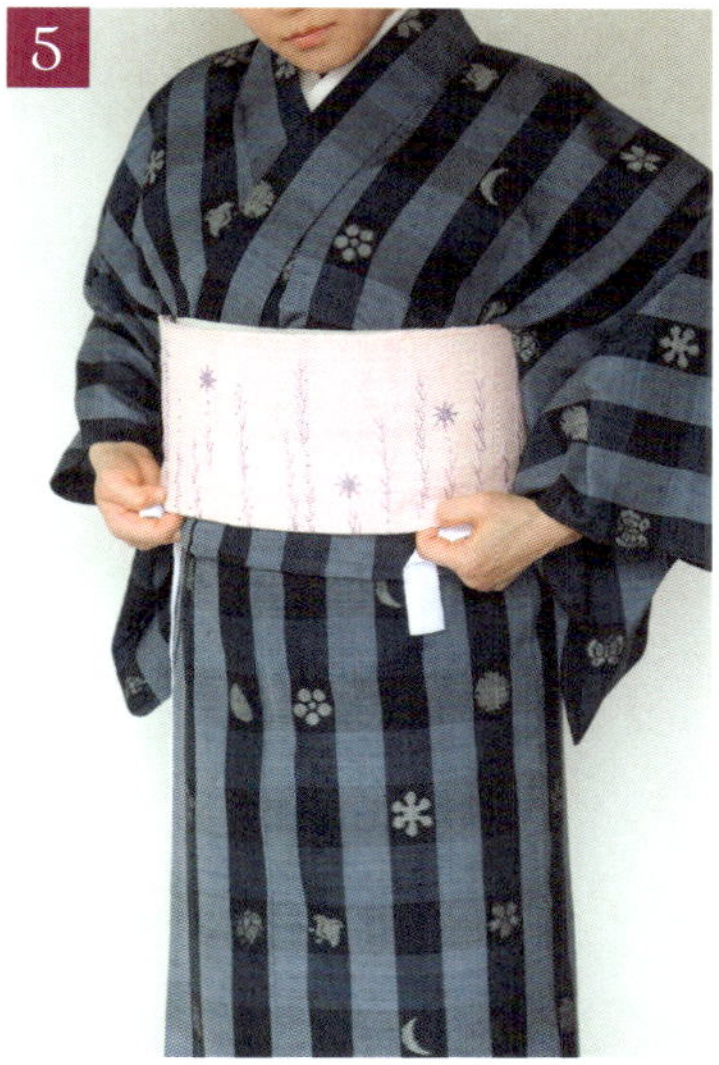

もう一度、前帯の柄の位置を確認する。

左右のひもを持って、しっかり引く。こうすると、帯が胴に密着する。帯の下側にひもをつけることで、下が締まって上にゆとりができるので、胸が苦しくならず、帯揚げも無理なくおさまる。

体の左脇でひもを結び（蝶結びや片結びでよい）、余分は帯の下に入れ込む。

胴の部分のでき上がり。

2 お太鼓をつくる

9

帯枕に帯揚げをかぶせる。ここでは左右にひものついた帯枕を使用。

10

たれのお太鼓の山の内側に、帯枕を当てる。このとき、お太鼓の山と帯枕の中央をきちんと合わせること。

11

たれと帯枕を持ったまま、背中にまわす。帯枕の位置をもう一度確認する。

12

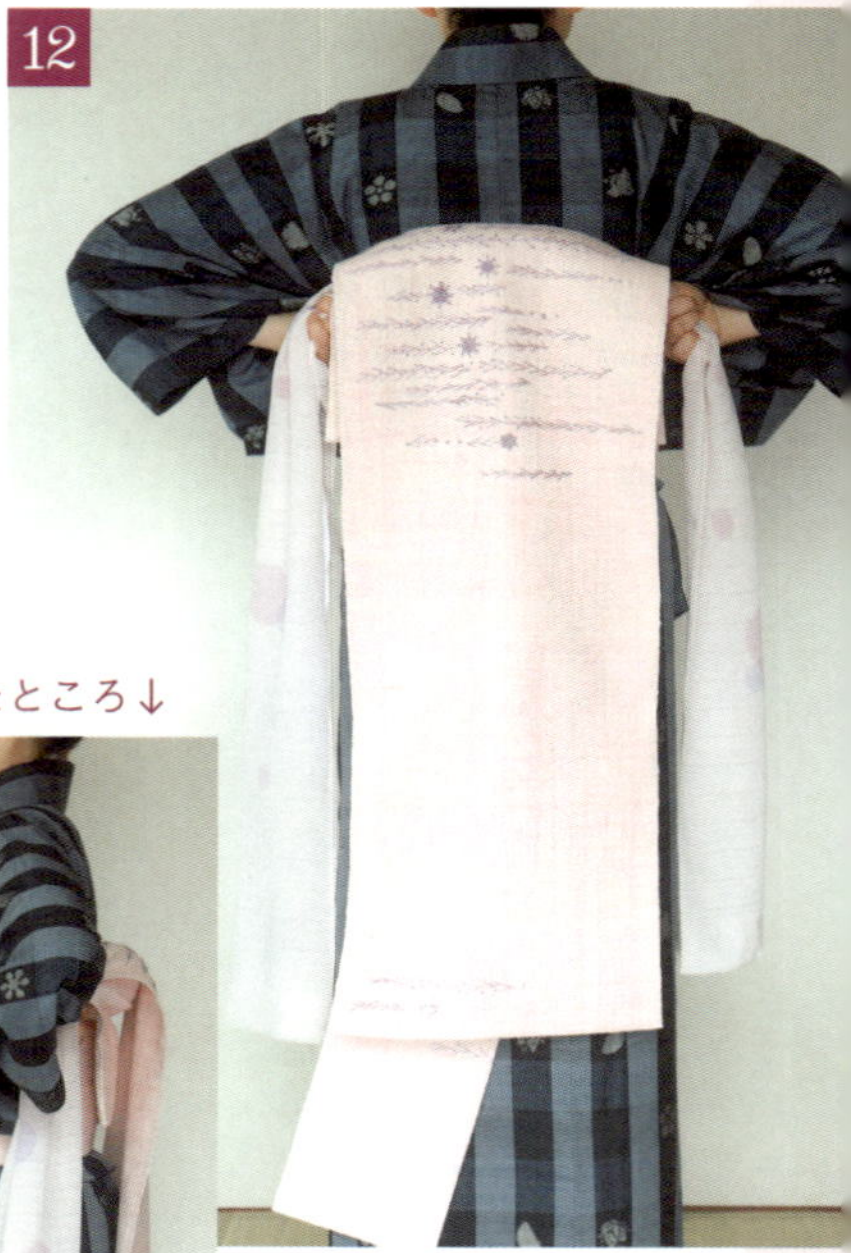

横から見たところ↓

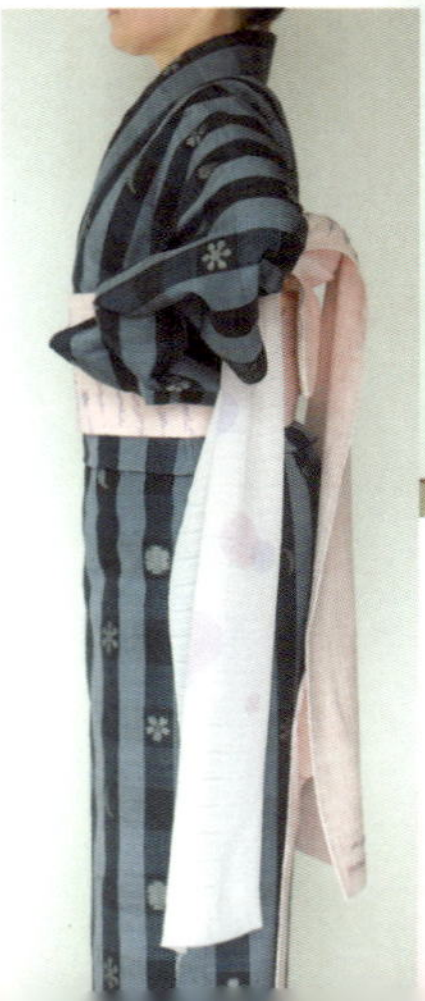

帯枕とたれを背中に当てる。

13

帯枕のひもを持って前に引き、帯枕を背中に密着させる。

14

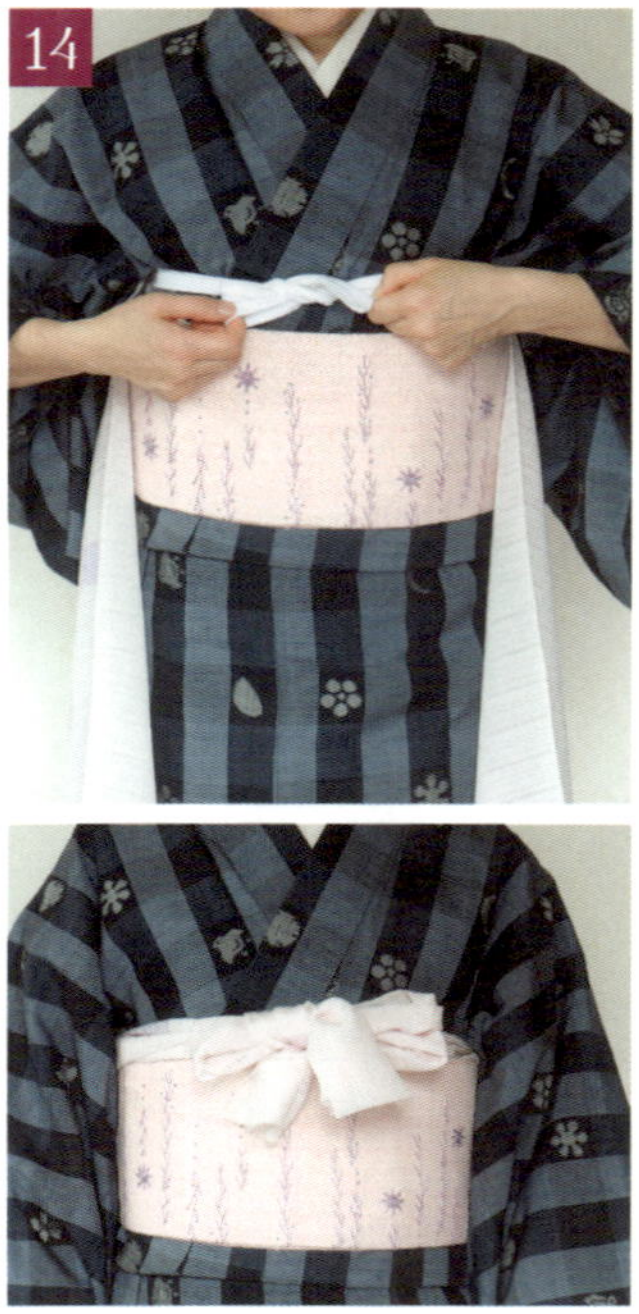

帯枕のひもを前で蝶結び(片結び)にし、帯の中に入れ込む。帯揚げは前で仮結びにしておく。

15

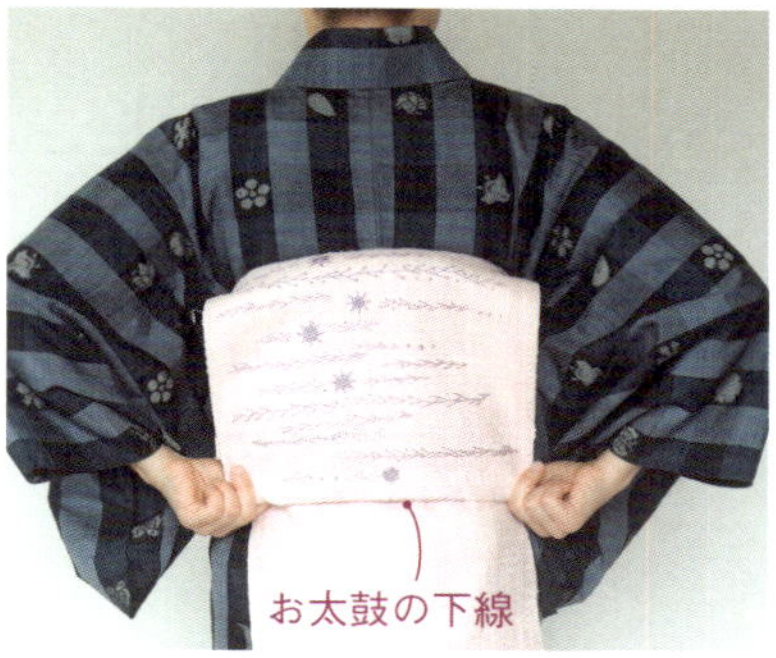

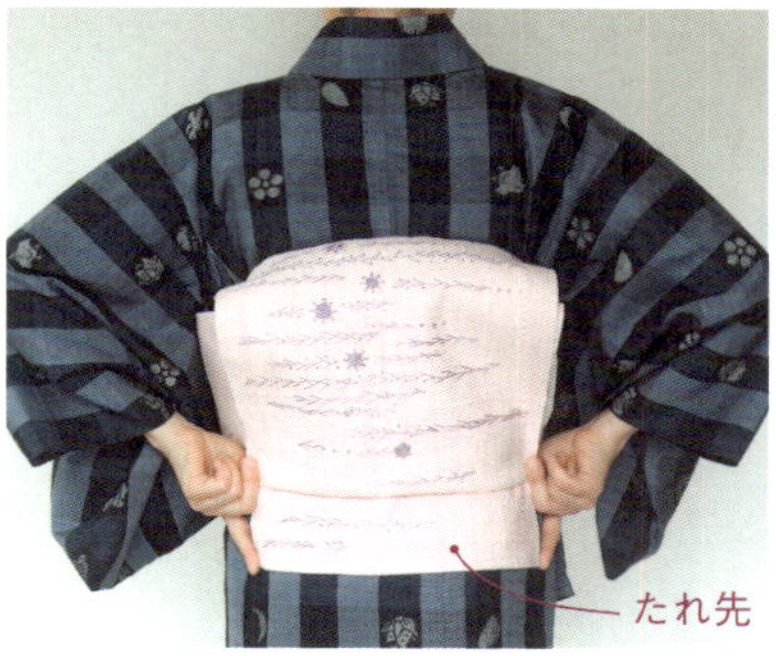

お太鼓をつくる。お太鼓の下線(決め線)は胴に巻いた帯の下側あたりを目安にし、左右の人さし指を使って、たれを内側に折り上げる。たれ先の長さは、人さし指1本分を目安にする。

16

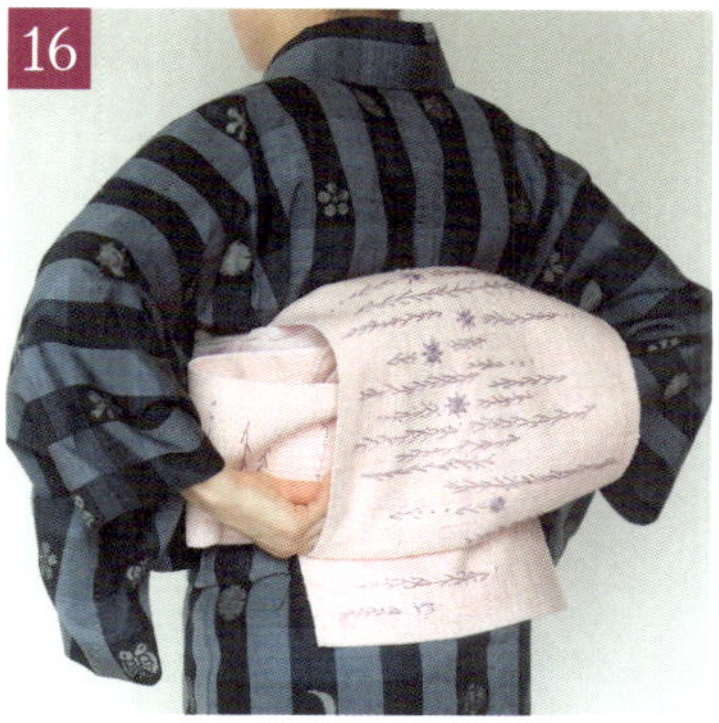

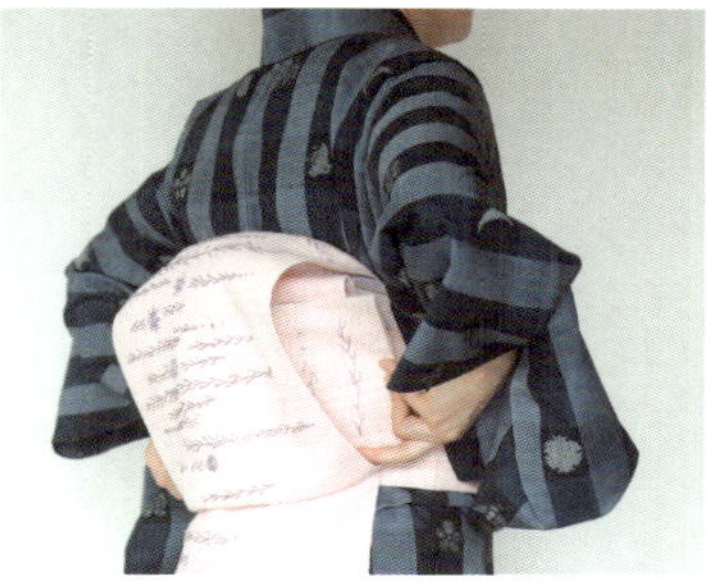

て先を左側からお太鼓の中に通し、右側から少し出す。

17

左側からお太鼓の中に帯締めを通し、て先の幅のほぼ中央に当てて、前でしっかり結ぶ。

18

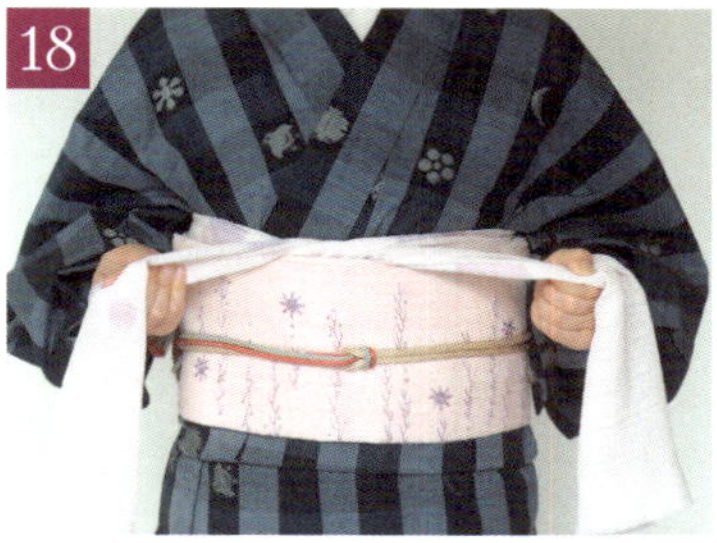

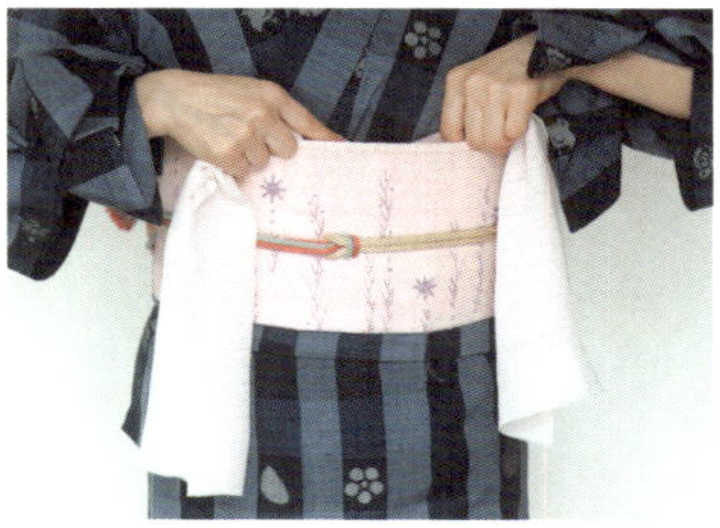

仮結びをしておいた帯揚げをほどき、きれいに結び直す。両端は帯の中に入れ込み、きれいに整える。

二部式帯のでき上がり。結んでしまうと、名古屋帯のように見える。

名古屋帯・袋帯を二部式に

手持ちの名古屋帯や袋帯を切り離すことで、手軽に二部式帯をつくることができます。タンスに眠っていた帯が蘇ります。ぜひ、お試しください。

名古屋帯

名古屋帯の仕立てにはいくつか方法がありますが、一般的なものは、胴に巻く部分（て）を半分に折って仕立てられています。そのての部分とたれ（お太鼓）の部分を切り離します。

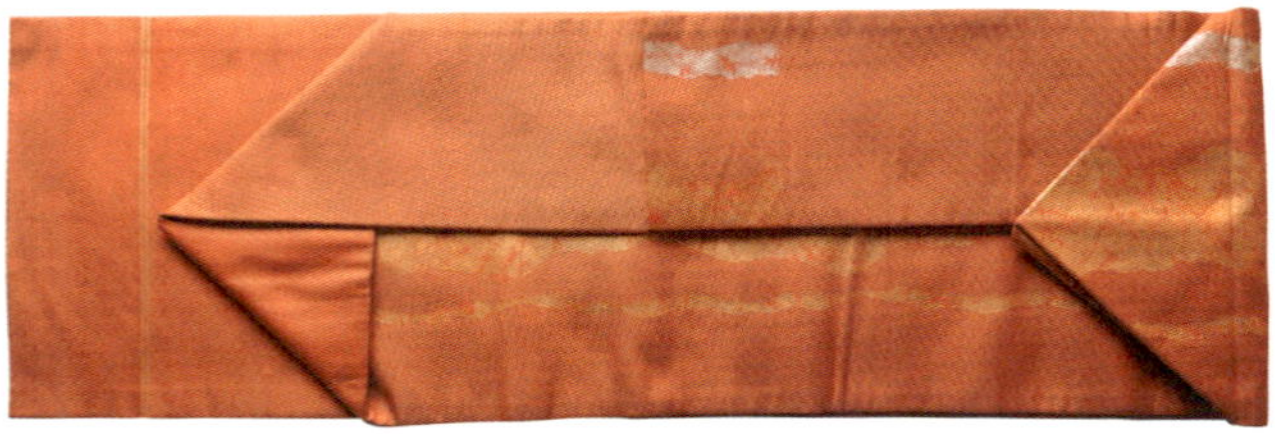

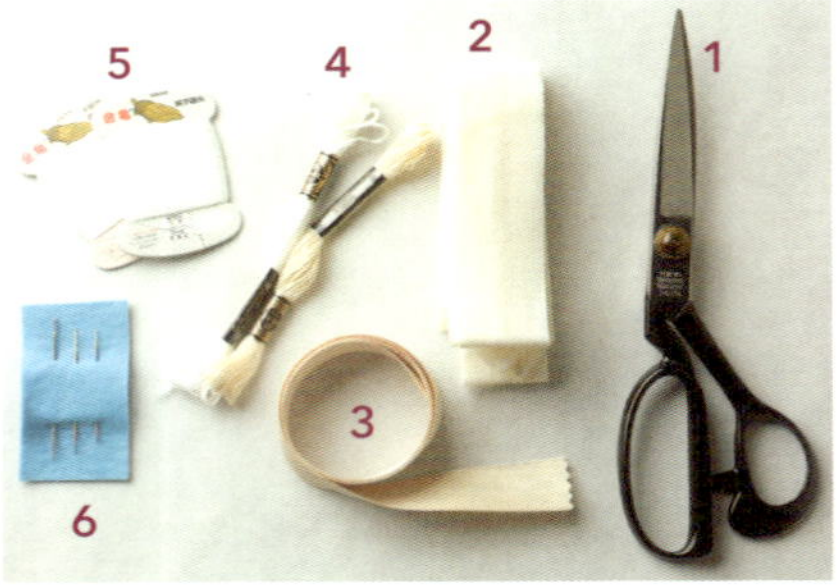

用意するもの
1＝裁ちばさみ
2・3＝胴に巻く部分につけるひも。
腰ひもや服飾用リボンなど。約100cmを2本。
4・5＝刺しゅう糸や絹糸
6＝縫い針

1 たれとてを切り離す

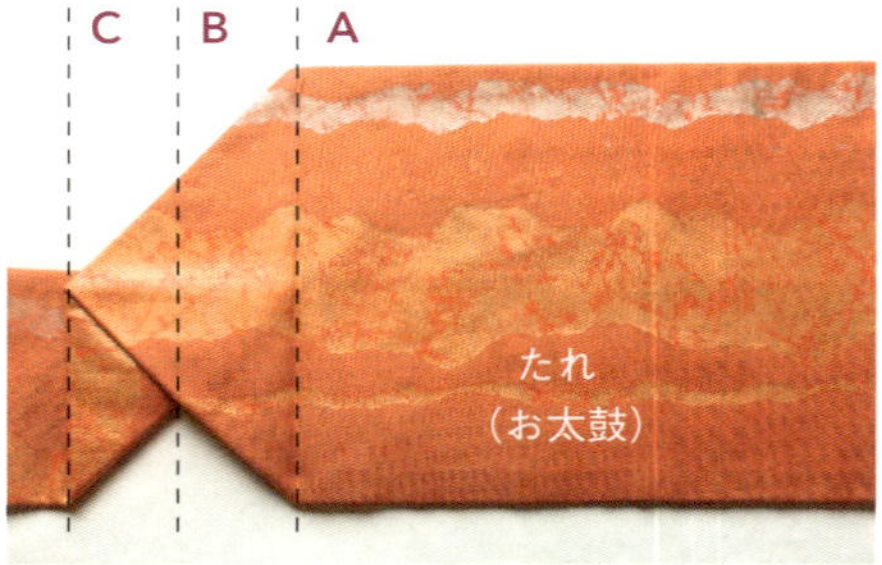

自分の体型に合わせて、A、B、Cのどこで切るかを決めます。ここではAとCの両方をカットしたため（小柄の人向き）、この間の部分は使いません。Bで切ると、お太鼓も胴の部分も少しずつ長くとれます。
★胴を折らない開き仕立ての場合は、たれ先から約110cmのところでカットします。

2 て先を切り離す

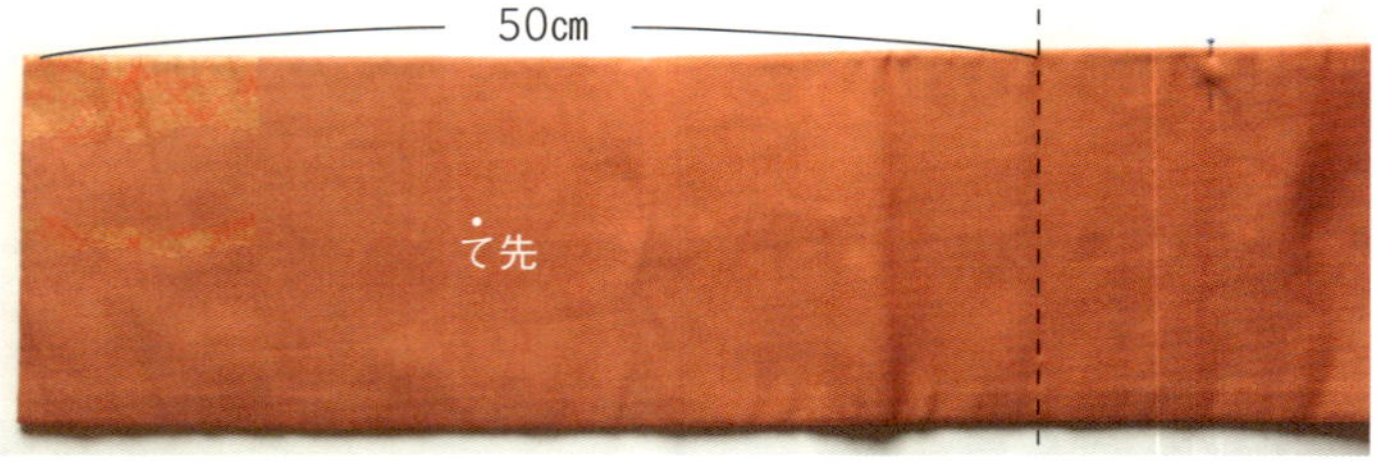

次に、て先の部分を先端から約50cmのところでカットします。

パーツを切り離すとこんな感じ

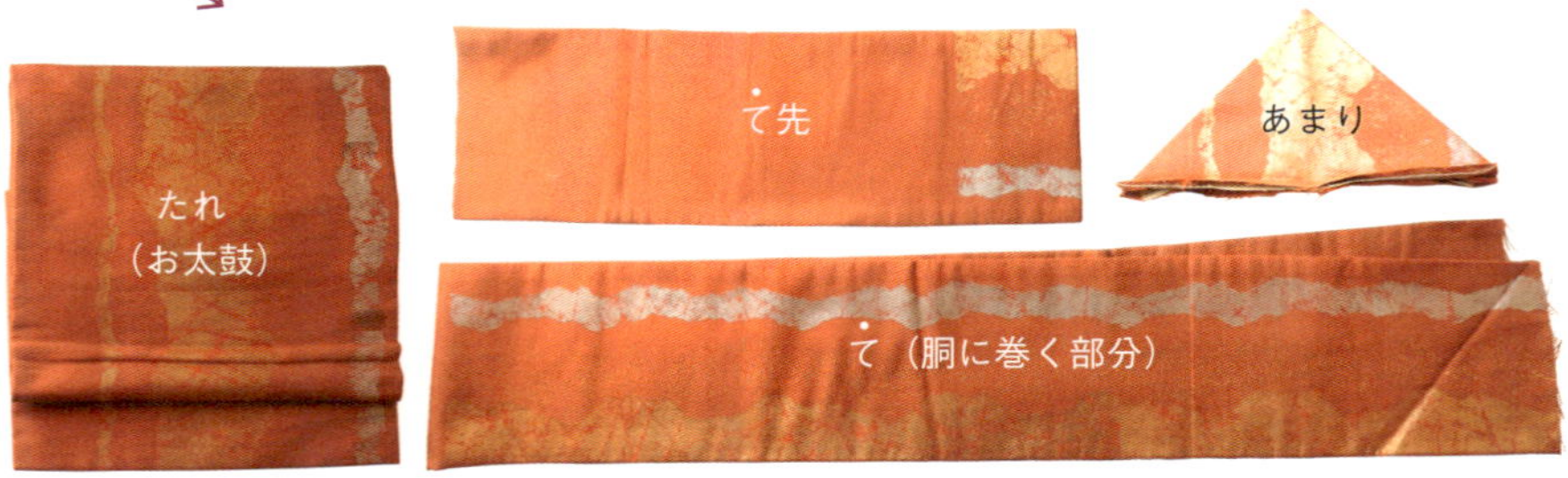

右／名古屋帯でも金銀の箔《はく》が施されているので、付け下げや色無地に合わせてよそゆきにも。締めてしまえば、表からは帯の仕組みは全くわかりません。
左／ダイ・ステッチワーク（24ページ）の手法で、「雪月花」を刺しゅうした付け下げに合わせて。

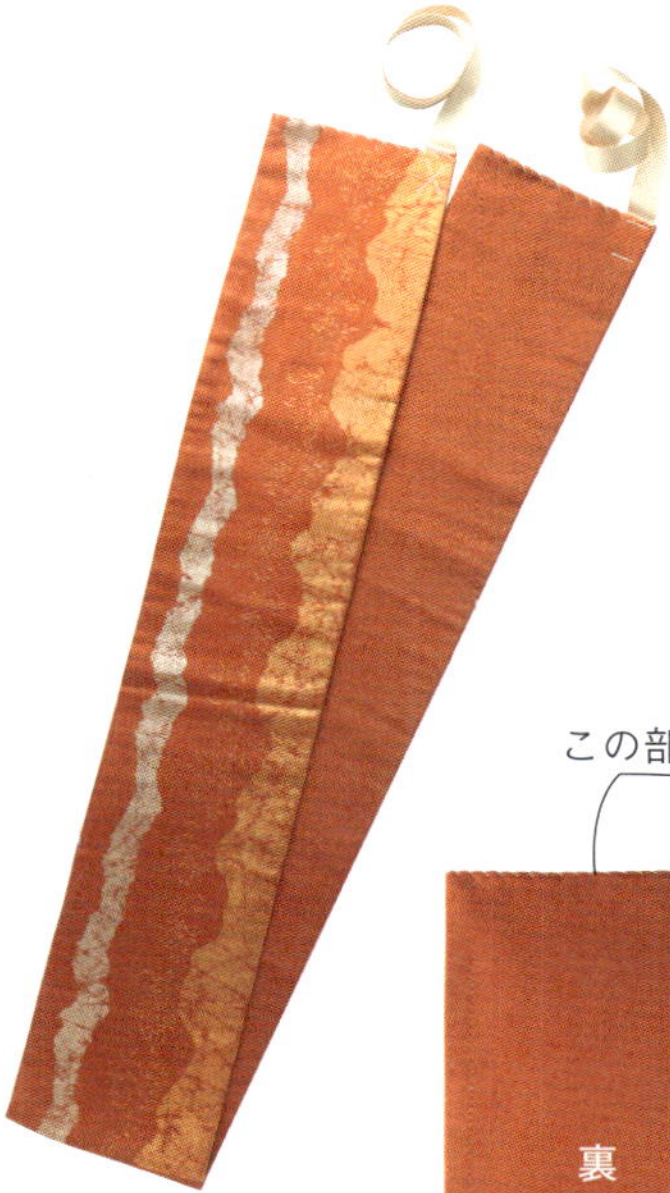

3 てにひもをつける

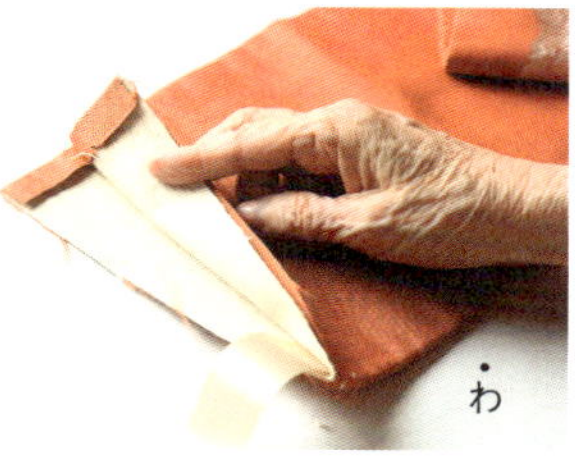

て（胴に巻く部分）の両端の下側に、ひも（腰ひもを半分にカットしたものやリボンなど）をつけます。ひもの端を5㎝くらい中に入れて縫いとめ、切り口は巻きかがりなどでとめます。

4 て先の切り口を縫う

て先を切り離したところも、巻きかがりなどで縫っておきます。

5 たれにて先をつける

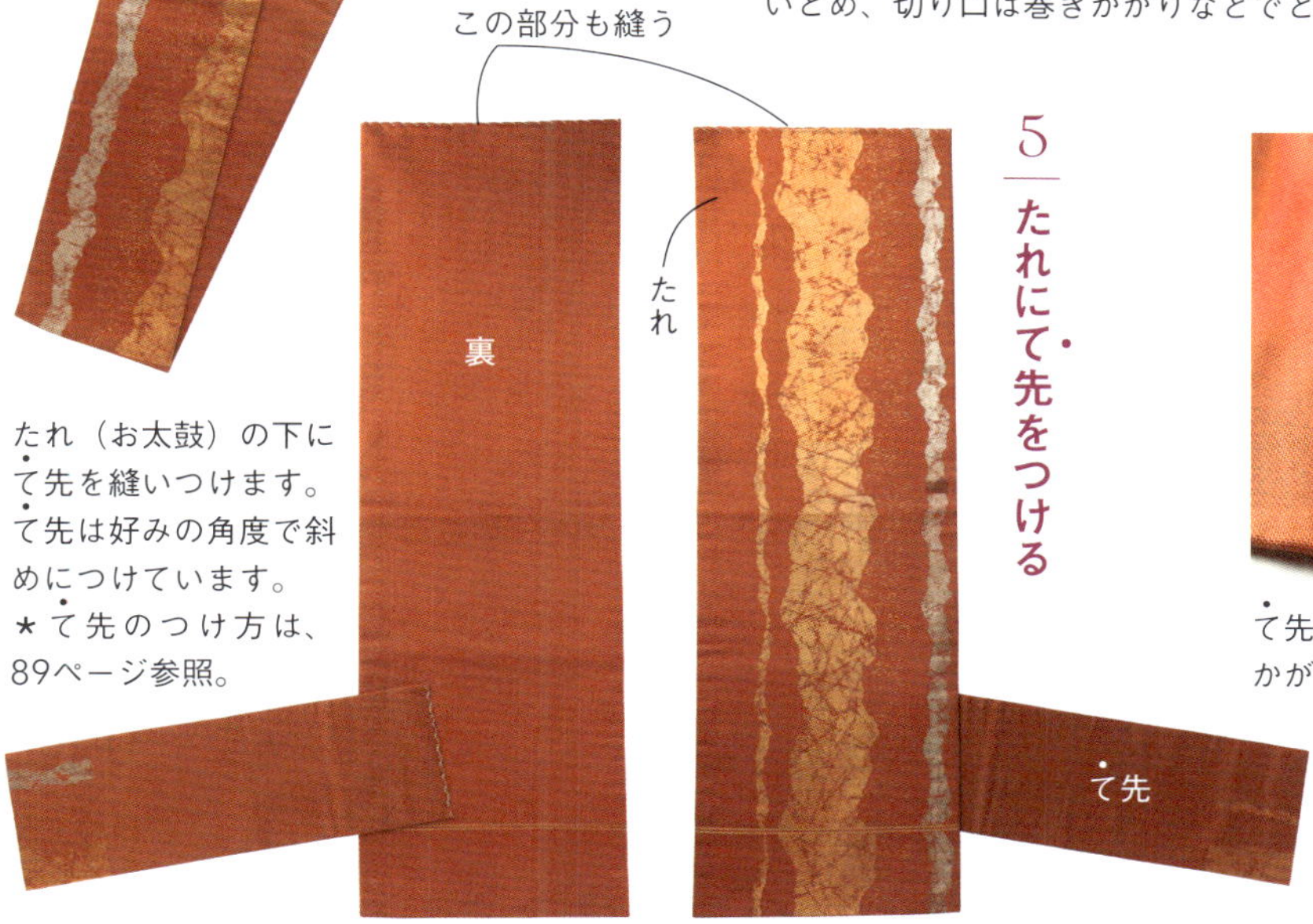

たれ（お太鼓）の下にて先を縫いつけます。て先は好みの角度で斜めにつけています。
★て先のつけ方は、89ページ参照。

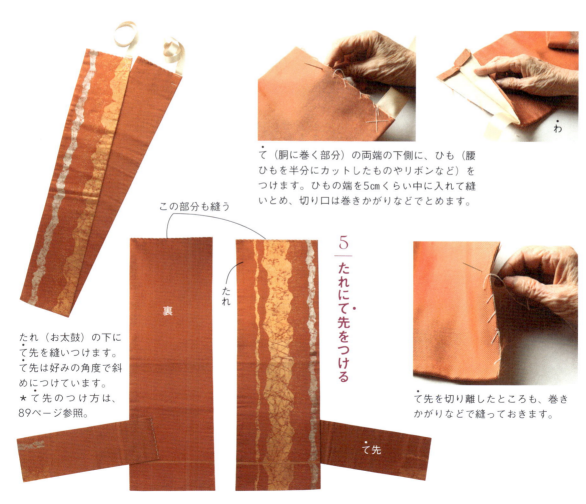

袋帯

袋帯は二重太鼓や変わり結びを結ぶための帯なので、帯の長さは４ｍ以上あります。そのため、二部式用のパーツを切り離すと、余分が出ます。胴に巻く部分は自分の体型に合わせて、必要な長さをとりましょう。

袋帯の寸法のとり方

袋帯は帯全体に柄のあるもの、約6割に柄のあるもの、ここで紹介したようなお太鼓と前帯の部分に柄があるものなどがあります。

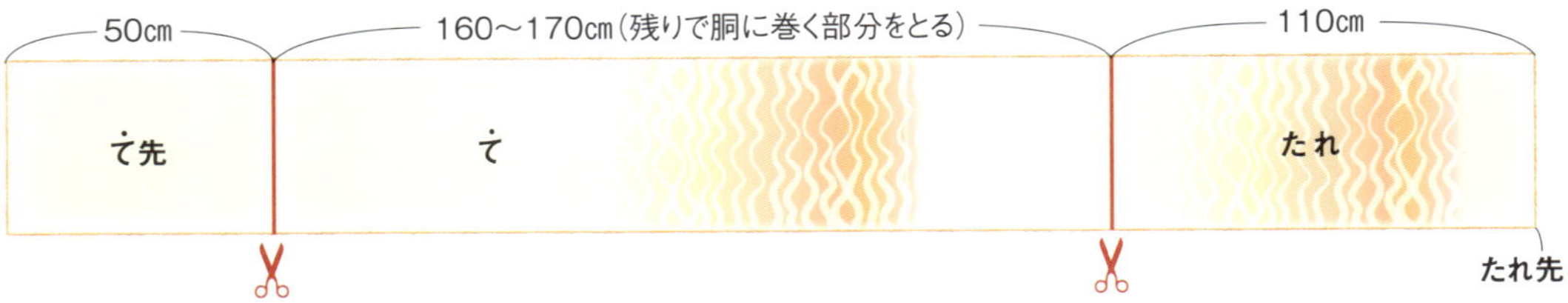

1 各パーツごとに切り離す

お太鼓になるたれの部分をたれ先から110cm、て先になる部分を50cmカットします。帯を切るときは、裁ちばさみを奥に入れるとスムーズにカットできます。とくに袋帯は地厚なものが多いので注意。

2 切り口をかがる

切り離した切り口の部分は、2、3cm内側に折り込んで、くけ縫い（89ページ）をします。または、79ページのように巻きかがりでもかまいません。

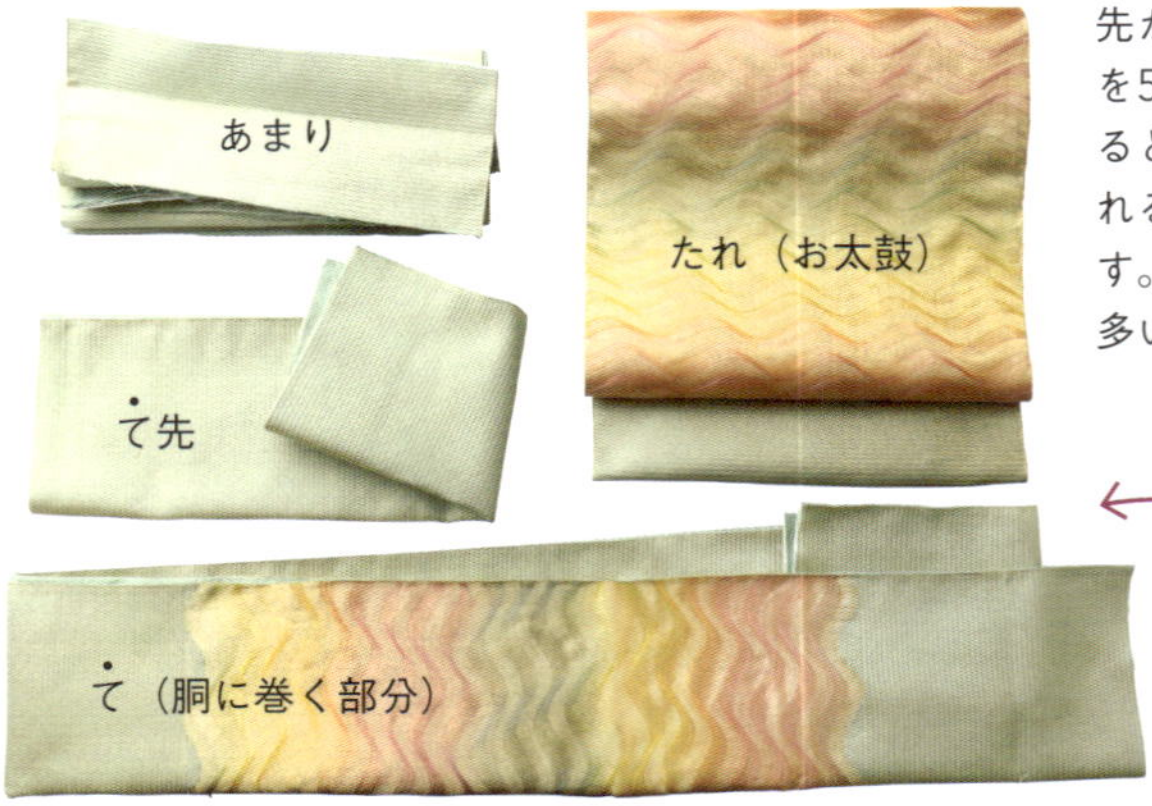

パーツを切り離すとこんな感じ

袋帯を二部式にしたことで、名古屋帯と同じ一重太鼓を結びます。箔糸を織り込んでいるため、色無地や江戸小紋、付け下げなどに締められます。優しいピンク地にパスマントリー（15ページ参照）と刺しゅうで、付け下げ風に仕上げた着物を合わせてパーティに。

3 二部式に仕立てる

て（胴に巻く部分）は幅を二つ折りにし、78ページの名古屋帯と同じように、両端の下側にひもをつけます。

たれ（お太鼓）にて先を縫いとめます。89ページ参照。て先はたれの左右どちらにつけてもかまいません。ここでは名古屋帯（79ページ参照）とは逆側につけました。利き手により、右、左どちらかに縫いつけます。

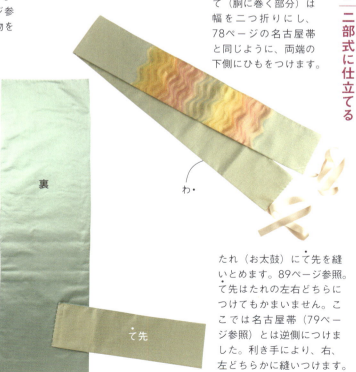

着物と私

私が生まれた昭和の初めのころは、まだほとんどの人が着物を着ておりました。お出かけしたときの写真を見ると、私だけ母の縫ったワンピースを着ていますけれど、やはり世間はまだ着物中心の生活でした。戦時中になりますと、母たちは絣《かすり》のモンペなどをはいていましたが、そこでも私は母の縫ったズボンでした。しっかり着物を着ている写真は、親戚のお姉さんの結婚式に行ったときのもので、大きな梅が染められた綸子《りんず》の着物を着ております。

少し大きくなって中学生ぐらいになると、友人たちは赤やピンクの花模様の着物でしたが、なぜか私は紫色の大きな矢絣のお召《めし》。私が娘らしい着物を好まないせいか、母は自分の着物の中から私に着られそうなものを出して私に着せ、試しているようでした。

❖

私の家は料亭をしていたので、母はもちろん働いている人たちもみんな着物です。ときには、美しい着物姿の芸者衆もやってきます。そんな中で毎日を過ごし、茶道、日舞、長唄の習いごとをしていましたが、稽古着は浴衣でした。高校卒業後は、東京の桑沢デザイン研究所に進みましたので、この間は着物と縁がなくなってしまいました。

ただ、桑沢に通っていた4年間、母の幼なじみが経営する赤坂の料亭でアルバイトをしておりました。そこではみなさん着物で、衿はすっきりとしたバチ衿で、しかもほとんどが半幅帯を文庫《ぶんこ》に結んで、きびきびと働いていました。その働きやすい着物姿は深く印象に残り、私が着物で生活するようになったとき、とても参考になりました。

というのも、私の着てきた着物は、すべて衿幅が細い棒状のバチ衿なのです。さらに、着るときに衣紋《えもん》は抜きません。きっちり衿を詰めているわけではないのですが、私の日常には衿を抜かない方が自然でした。着物の袖は短くして、大きく袖に丸みをつけています。袖を小さめにすることで、ドアノブに引っ掛けることもなくなり、日常生活や

仕事をする上でずっと楽になりました。

その後、桑沢の同窓生だった夫と結婚し、3人の子どもも授かりました。あるとき、子育て中に女性誌の手芸展に応募したところ、刺しゅうのブラウスが入選。そのことがきっかけで、雑誌に作品を掲載する仕事をいただくようになりました。仕事と子育てと家事はなかなか大変で、着物とはほとんど縁のない生活でした。次女が生まれたころ、母が体調をくずして入院しておりましたので、娘をおんぶして病院に通っていました。そのときは冬で寒かったため、着物を着て、帯は締めず、子どもを背負い、絹製の綿入れのねんねこ半《ばん》てんを着ていました。それが、とても暖かくて絹の質感の心地がよく、重宝したものです。

〃季節ごとに、少しずつ布の素材が変わっていく、日本の着物はなんて素晴らしいのでしょう〃

数年後、母が亡くなると、遺品である多くの着物が私の手元に残りました。「この着物をさて、どうしましょう」。何かにつくり替えることもできましたが、何となく、着物たちにそれは大変失礼だと思い、「やっぱり、着ましょう」と心に誓いました。

しかし、これらの着物を着こなすには、自分の手であちこちを直したりしなければ。そのためには、着物くらい縫えなくてはダメだと考えました。ちょうどそのころ、知り合いが和裁教室を開くというのを聞き、早速通うことにしたのです。

肌襦袢《はだじゅばん》、半襦袢《はんじゅばん》、長襦袢《ながじゅばん》と縫い方を教わるときに、同じものを2枚ずつつくるようにしました。着物に関しては、裏地のない単衣《ひとえ》は何枚も縫うことができましたが、袷《あわせ》は裏がつくことでバランスがとても難しく1枚しか縫っておりません。しかし、着物の仕組みやでき上がるまでの過程などがよくわかるようになりました。そこで、ある年から、「今年から毎日、着物で過ごそう」と思い立ち、その年のお正月から実行に移すことにしました。

着物は1日着たら3日休める、と昔から言われておりますので、1日着た着物はハンガーにかけて、熱をとります。翌日は痛んだところや汚れがないかを確認し、見つけたらそれなりに手当てをします。そして、きちんとたたんでタンスにしまいます。毎日、この繰り返しです。

1年間、毎日着てみて、困ることは何もありませんでした。みなさんが着物をあまり着なくなった理由はわかりませんが、私はとても気持ちがよく、次の年ももう1年、もう1年と、どんどん続けました。２０２２年に脳梗塞で倒れるまで、50年以上毎日着物を着ていたことになります。おかげで、今回紹介したような、たくさんの手づくりの二部式帯が生まれました。

私の上っぱり

私の着物生活の中で、二部式帯とともに、もう一つ重要な着るもの、それが上っぱりです。以前茶羽織《ちゃばおり》と言われていたような、小さな羽織りものです。茶羽織とは、襠《まち》がなく、腰が隠れるくらいの丈の短い羽織のこと。温泉旅館などに用意されている、浴衣の上に羽織るものをイメージしていただくとよいかもしれません。

ただ、羽織のように前でひもを結ぶのではなく、着物のように下前《したまえ》、上前《うわまえ》と合わせて、それぞれについているひもを結びます（こうすると、帯は見えません）。さらに、私は下前になる右側の身ごろにポケットをつけて、使いやすくしました。素材は季節によって変わりますが、形は一年中同じ。寒い時期に着るときも、あえて裏はつけません。この上っぱりを着ているときは、自宅で仕事をしていることが多いので、帯は半幅です。若いときは文庫に結びましたが、その後はずっと貝の口に結んでおりました。外出するときは、上っぱりを脱ぎ、半幅を二部式に締め替えるだけ。あっという間に支度が整います。

今の私は車椅子の生活ですが、着物をセパレートにすれば、この上っぱりはそのまま役に立ちます。昨年の初夏、ホビーショーの会場で、私が着ていた上っぱりを見て、「お茶のときの水屋着《みずやぎ》になんていいのでしょう」と褒《ほ》めてくださった方がいました。ちなみに、この上っぱりは、銀座松《ぎんざまつ》屋《や》の呉服売り場で仕立ててもらっていたのですが、売り場では、「小倉様のキッチンコート」と呼ばれていました。

着尺からつくる場合は、同じものが2枚できます。私は2枚つくったり、上っぱりと半幅帯のセットにしたりと、いろいろでした。冬は上っぱりの上からコートを着て、さらにショールがあれば、どんなに寒くても大丈夫です。今、私の一番のお気に入りは、真夏用の明石《あかし》で、母の着物からリメイクしたもの。小さくて軽く、旅行にもぴったりです。

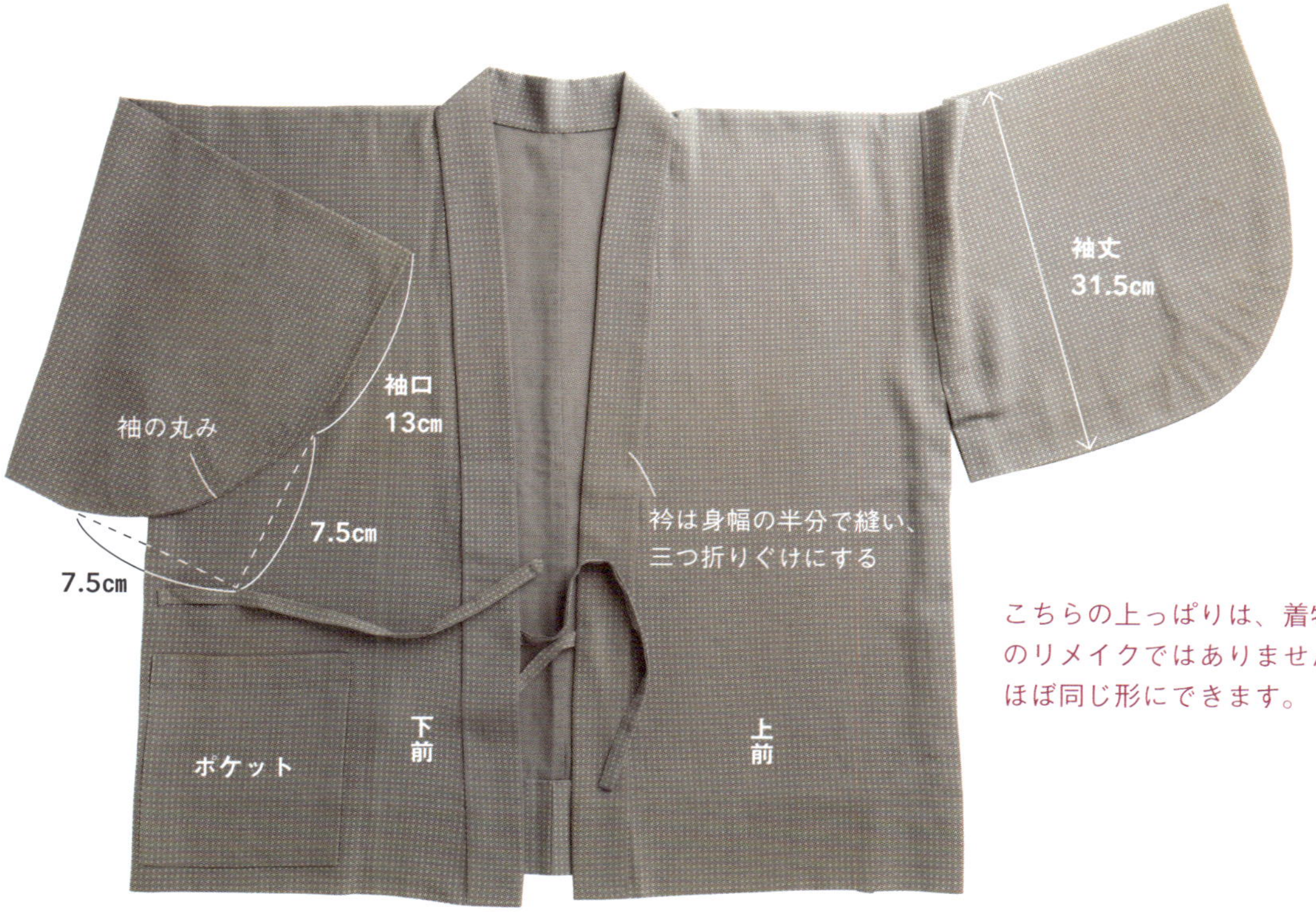

こちらの上っぱりは、着物からのリメイクではありませんが、ほぼ同じ形にできます。

上っぱりの素材も着物と同じように、季節によって変えます。そして、着物との調和も大切に。

着物をほどかずに、上っぱりにする場合

1. 着物の衿をほどき、その掛け衿を上っぱりのポケットに使う。
2. 長い衿は、上っぱりの衿に使うので、折り山などの筋を消す。
3. 身ごろは衿を外した位置で、上下に切り離す（袖はつけたまま）。
4. 身ごろの丈は背縫いと両脇で長さを決め、裾上げをする(内側に折ってまつり縫い)。
5. 袖丈を決めて、左右同寸に切る。
6. 袖の丸みを縫い、型紙（袖の丸みの型紙をつくっておく）で丸みをつくる。
7. 身ごろの下前の右脇に、ポケットを縫いつける。
8. 初めにほどいた衿で上っぱりの衿を縫いつける。残った衿の部分で、下前、上前につけるひもをつくる。

刺しゅうの材料と針

ビーズ

色数は豊富で大きさや形にもいくつかの種類があります。デザインや図案に合わせて選びます。

刺しゅう糸

3番、5番、8番、25番の刺しゅう糸があり、番号が大きいほど糸は細くなります。今回は25番刺しゅう糸と5番刺しゅう糸を使っています。5番は1本どりで、25番は6本どりになっているので、図案やステッチによって糸の本数を変えて使います。

MOKUBA刺しゅう用リボン（エンブロイダリーリボン）

リボンの色はもちろん幅や質感など、たくさんの種類がありますので、デザインや図案によって選びます。

●A・B（No.1540）／ポリエステルのリボン。刺しやすい基本のリボン。Aは3.5㎜幅、Bは7㎜幅。

●C（No.1547）／しなやかなシルク100%のリボン。

●D（No.1545）／ラメ入りのリボン。

●E（No.1546）／光の当たり方で色が変わって見える玉虫色のリボン。

●F／飾り房のついたリボン。

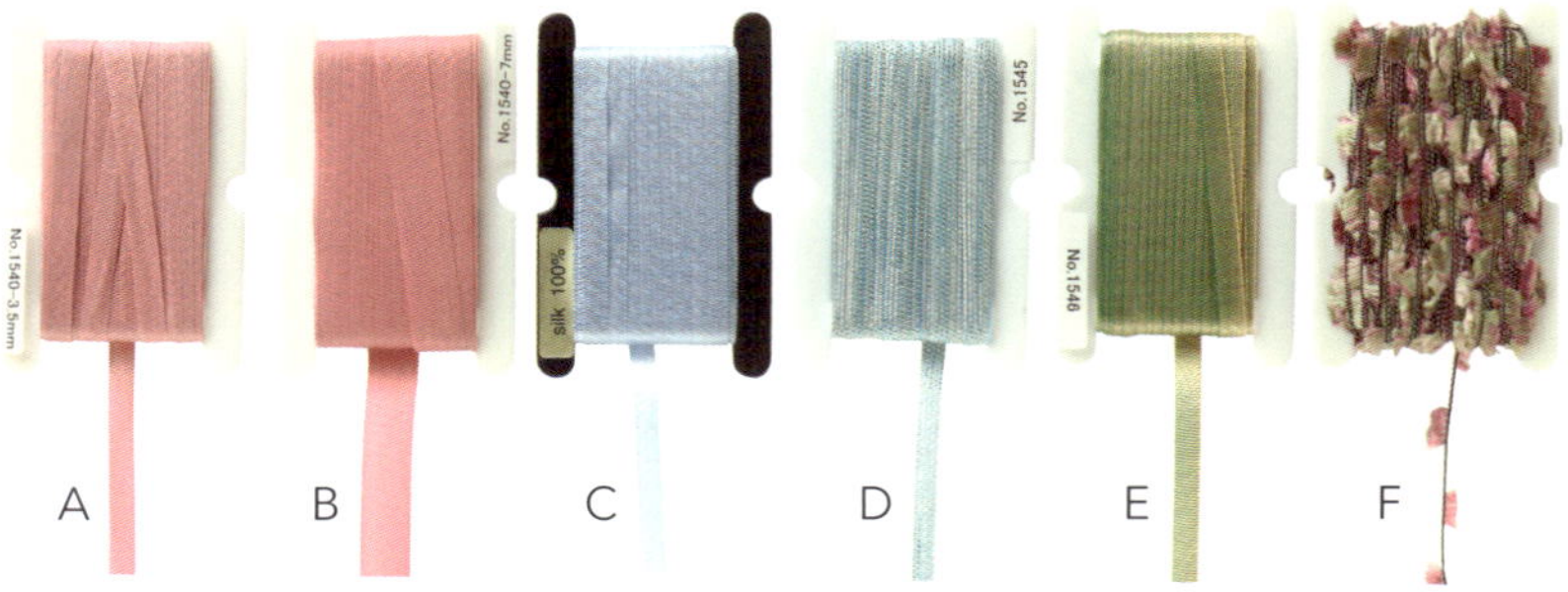

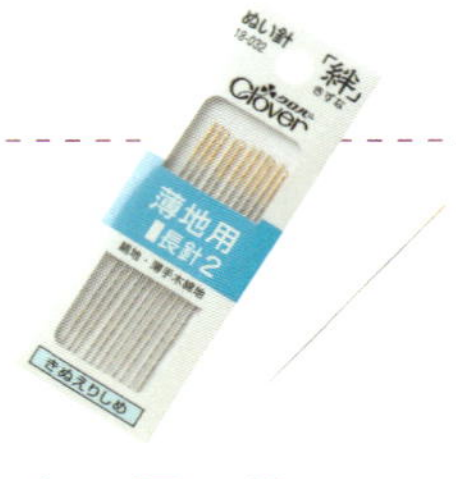

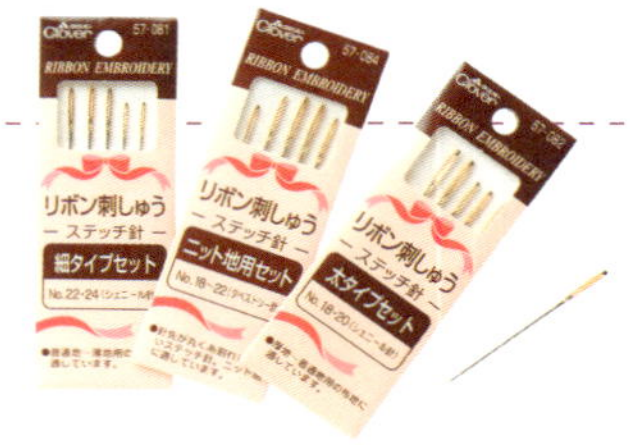

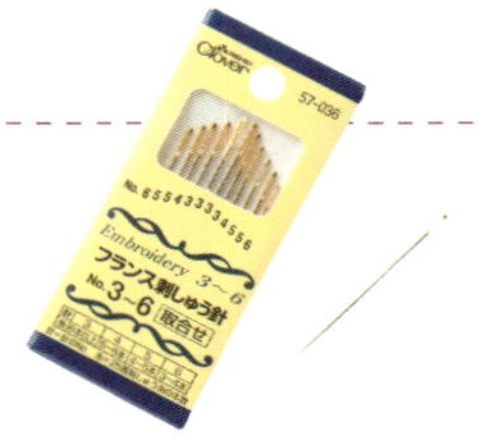

ビーズ用の針

ビーズをとめる針は、細い薄地用の手縫い針（絹えりしめ）を使います。ビーズをとめる糸は、25番刺しゅう糸を1本を針に通して、2本どりで使います。

リボン刺しゅう針

先のとがったシェニール針。刺す布やステッチ、リボンの幅などによって、針の太さを使い分けます。またステッチによっては、先の丸くなったニット地用の針を使うこともあります。

フランス刺しゅう針

刺しゅう糸用の刺しゅう針。針の太さは、糸の本数や太さによって使い分けます。

図案の写し方

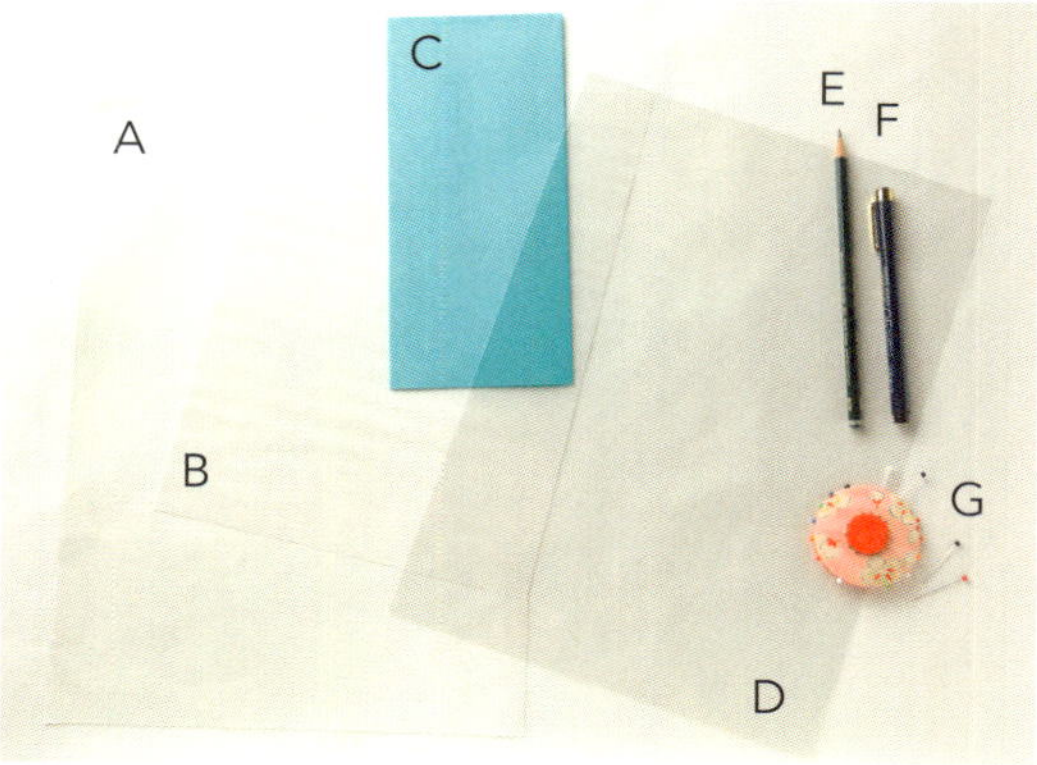

【用具】

A／和紙（布に直接図案を写せないときの図案紙）
B／トレーシングペーパー
C／片面チャコペーパー
D／セロハン
E／鉛筆（5Hなど芯の硬いもの）
F／水性ペン
G／待ち針

【布に直接図案を写せない場合の写し方】

縮緬《ちりめん》などのように布に凹凸があったり、
ニット地のように伸びる布の場合の図案の写し方です。

1

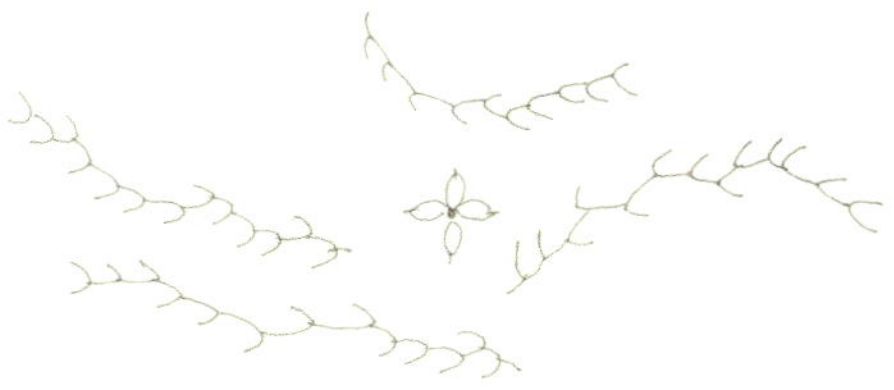

和紙に水性ペンで図案を写します。

2

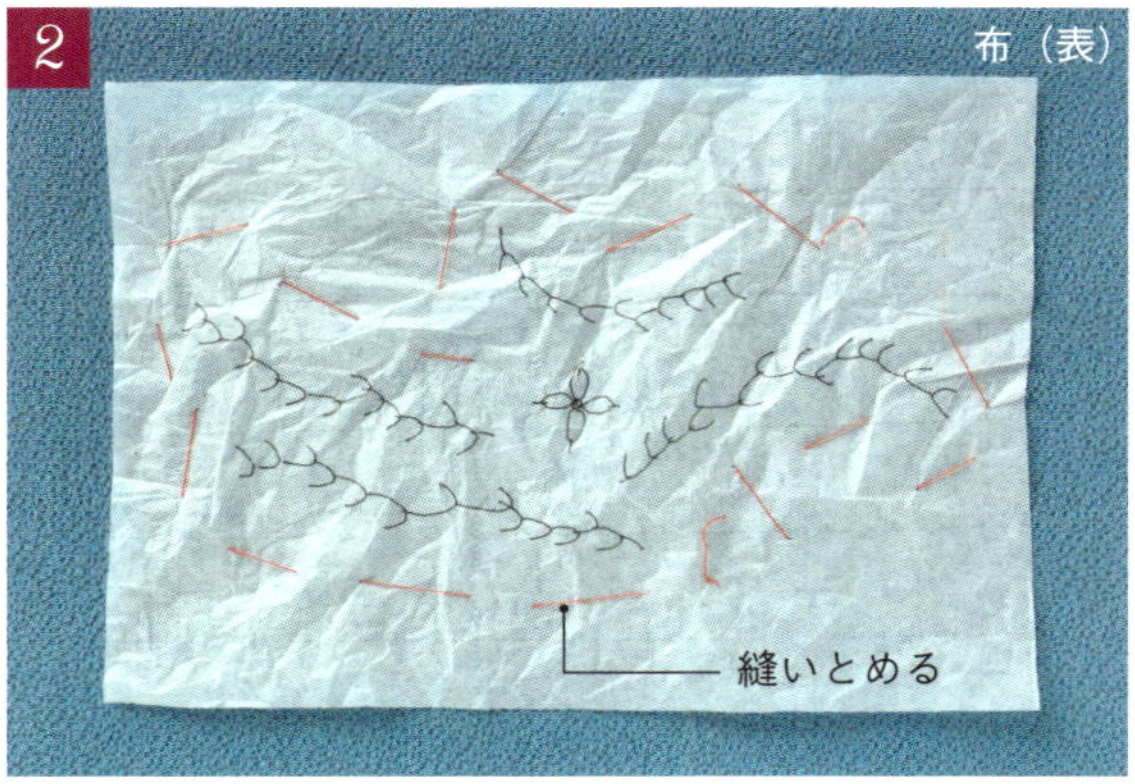

1の図案を写した和紙をよく揉《も》んでから、平らにして布の表面の刺しゅう位置に縫いとめます。糸は25番刺しゅう糸1本どりで。ポイントは紙の周囲を縫うのではなく、図案線の1.5㎝ぐらい外側を、図案線に沿って大きめの針目で縫いとめます。刺しゅうは和紙とともに刺し、刺しゅうが終わったら和紙を丁寧に破りとります。

【写し方】

トレーシングペーパーに水性ペンで図案を写し（コピーした図案でもよい）、布の表面に待ち針でとめます。布と図案紙の間に、チャコ面を布側にして片面チャコペーパーをはさみます。図案紙の上にセロハンを重ね、その上から硬い鉛筆で図案線をなぞって布に写します。セロハンは図案紙を保護するために重ねて使います。

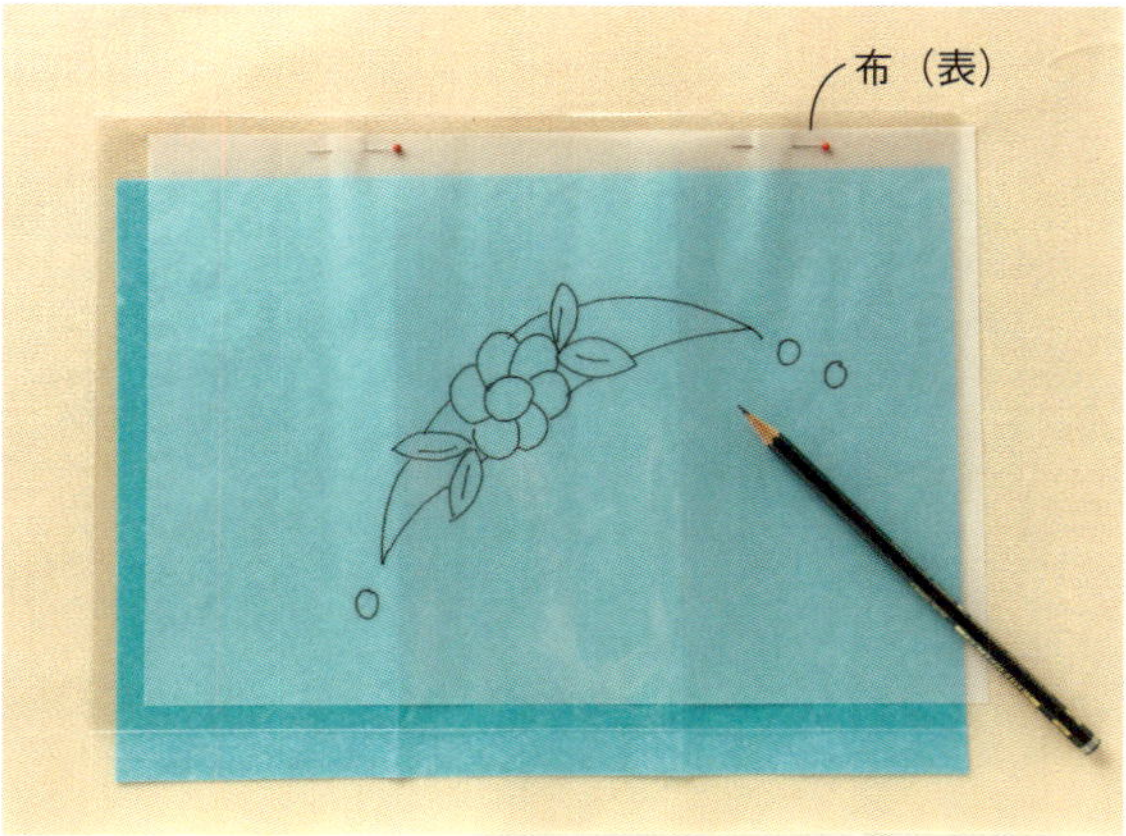

二部式帯のつくり方

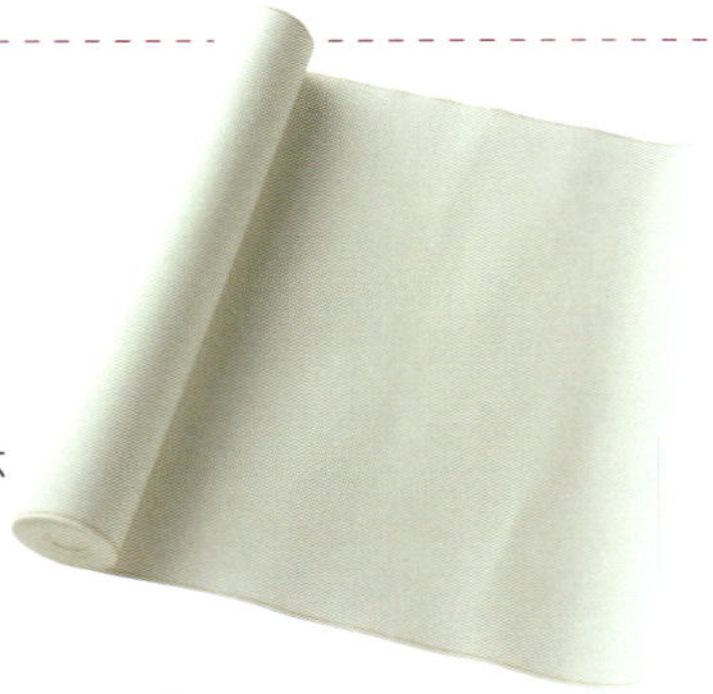

帯芯

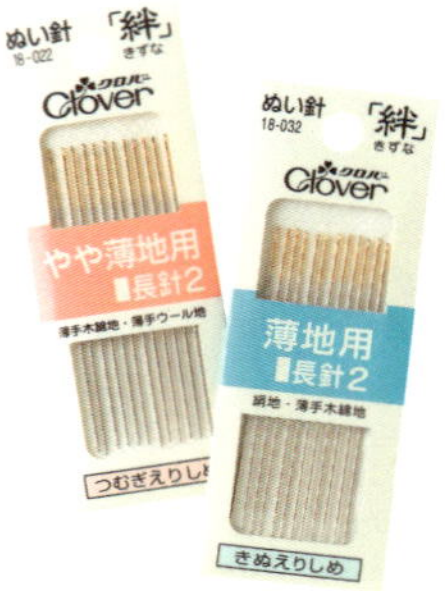

手縫い針

絹手縫い糸

25番刺しゅう糸

材料

表布　帯地や着物地…34～36㎝幅4m30㎝
帯芯…35㎝幅4m20㎝
サテンリボン（ひも用）…2.5㎝幅2m

つくり方のポイント

●表布は帯地や着物地のほかに、洋服地や手芸用の布も利用できます。その場合は表布の裁ち方の寸法を参考に、布の用尺を見積もってください。

●縫い糸は絹手縫い糸または25番刺しゅう糸（2本どり）で。針は絹えりしめ（薄地用。絹地、薄手木綿地など）、紬えりしめ（やや薄地用。薄手木綿地や薄手ウール地など）、木綿えりしめ（普通地用。木綿地、麻地、ウール地など）を、布の厚さによって使い分けます。

●布を裁断したら、刺しゅうを加えてから帯に仕立てます。

【表布・帯芯の裁ち方】

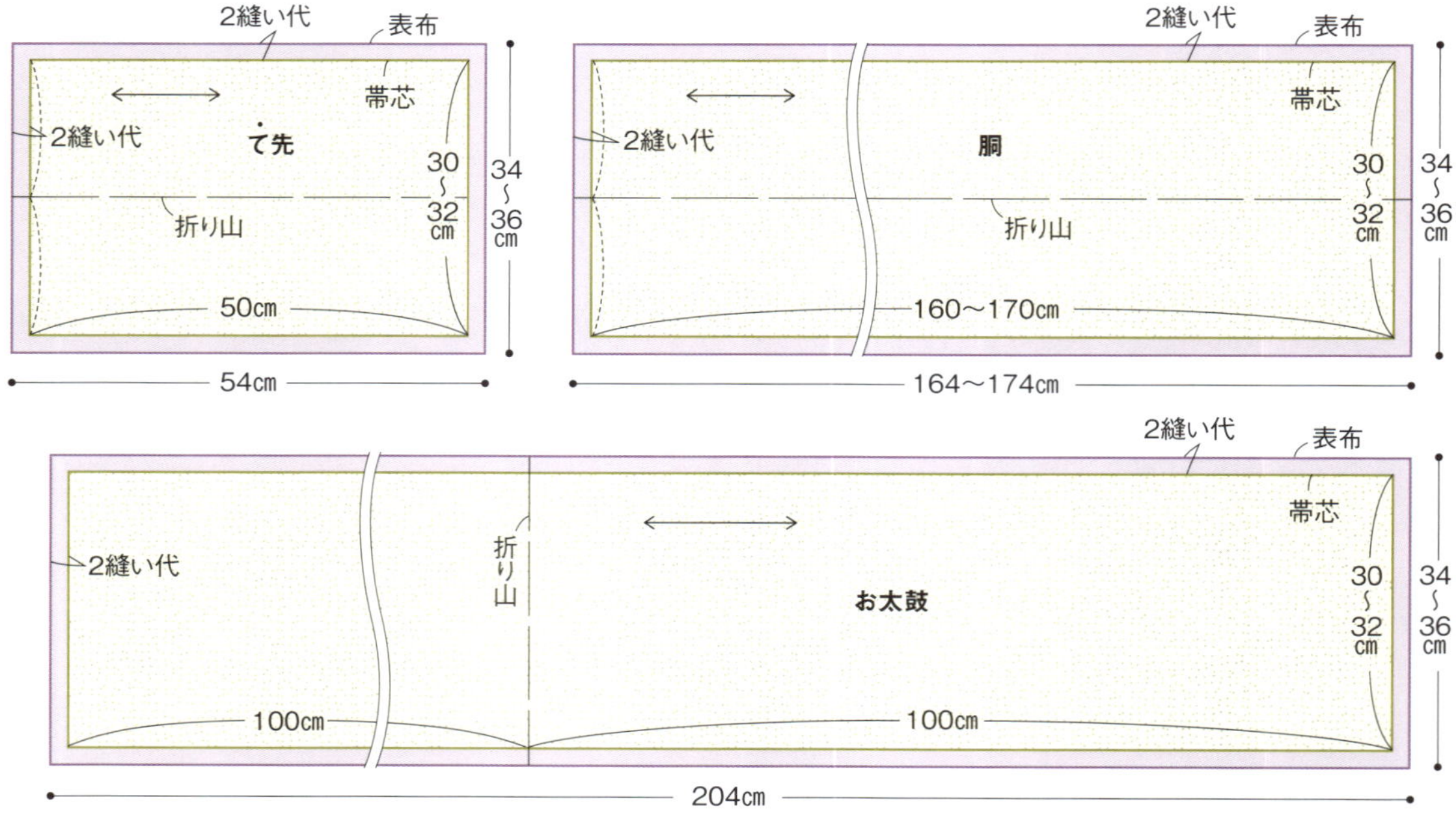

●千鳥がけ

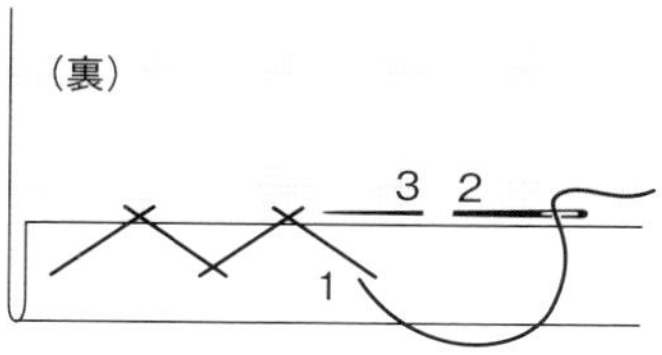

●くけ縫い

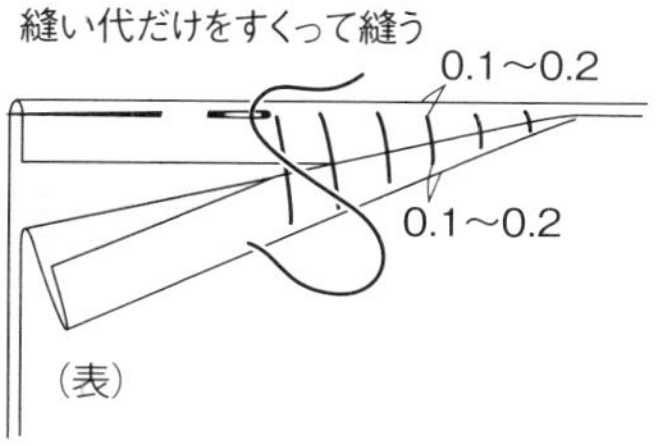

[て先の縫い方]

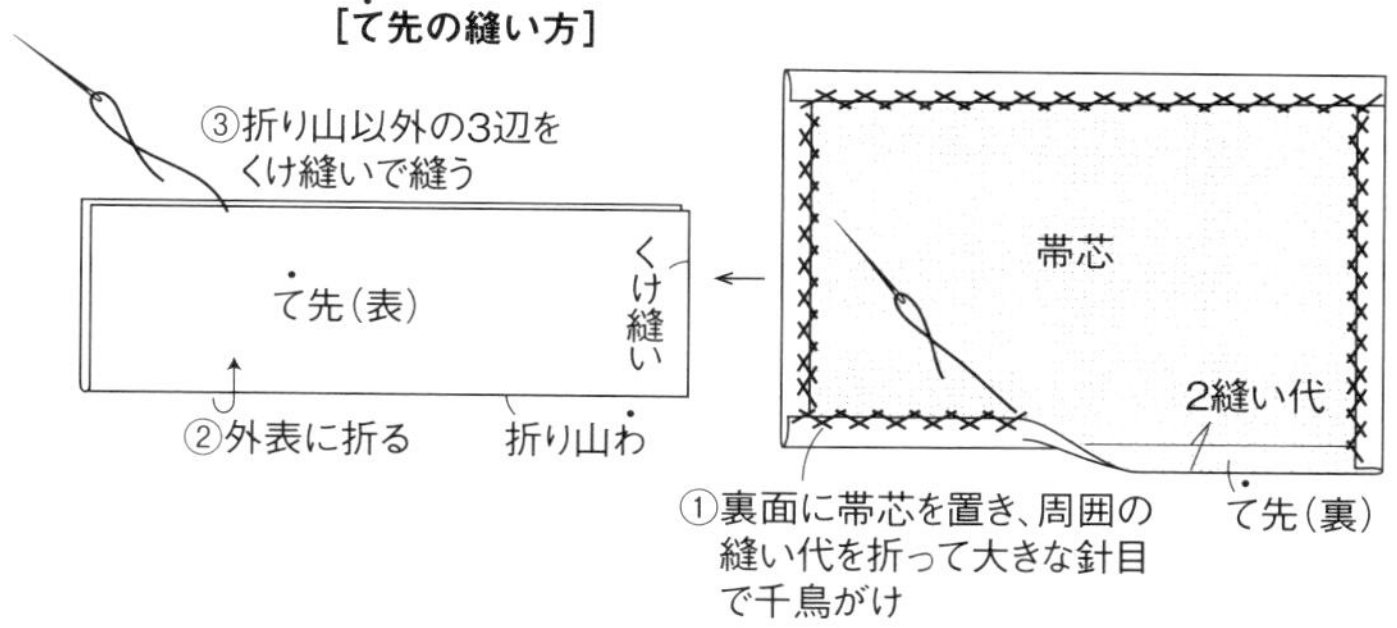

[胴の縫い方]

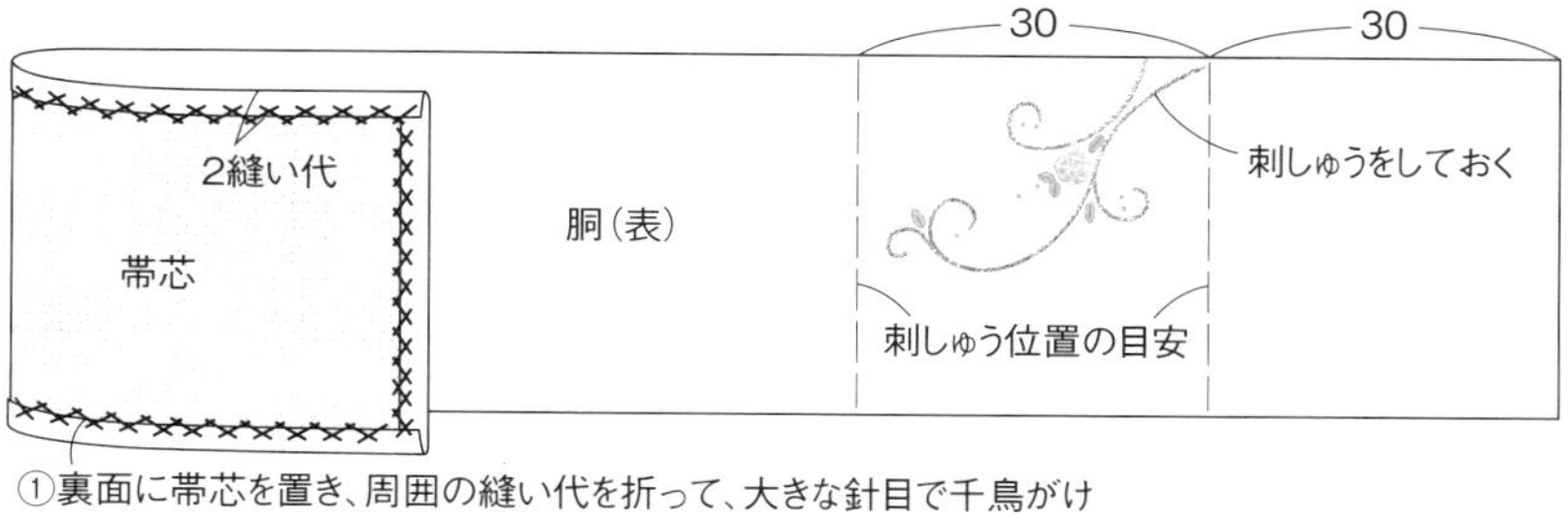

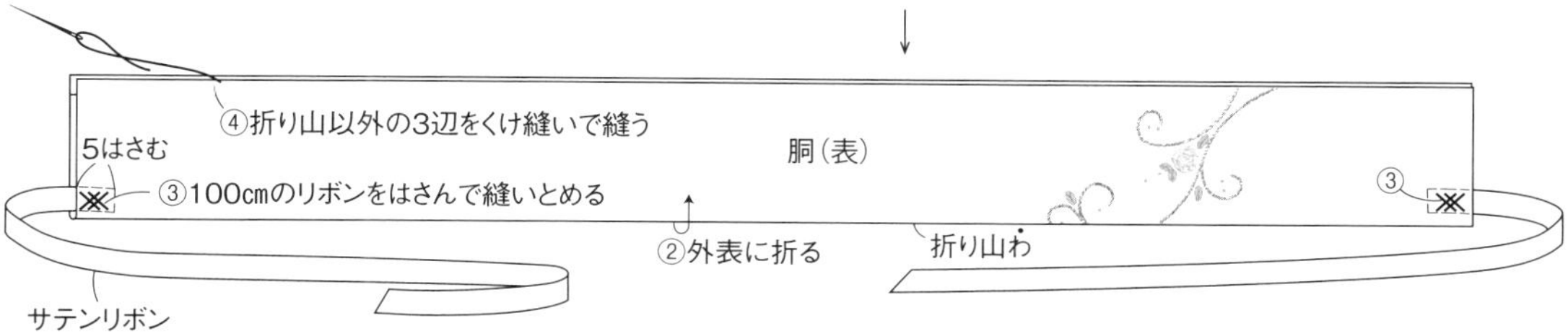

[お太鼓の縫い方]

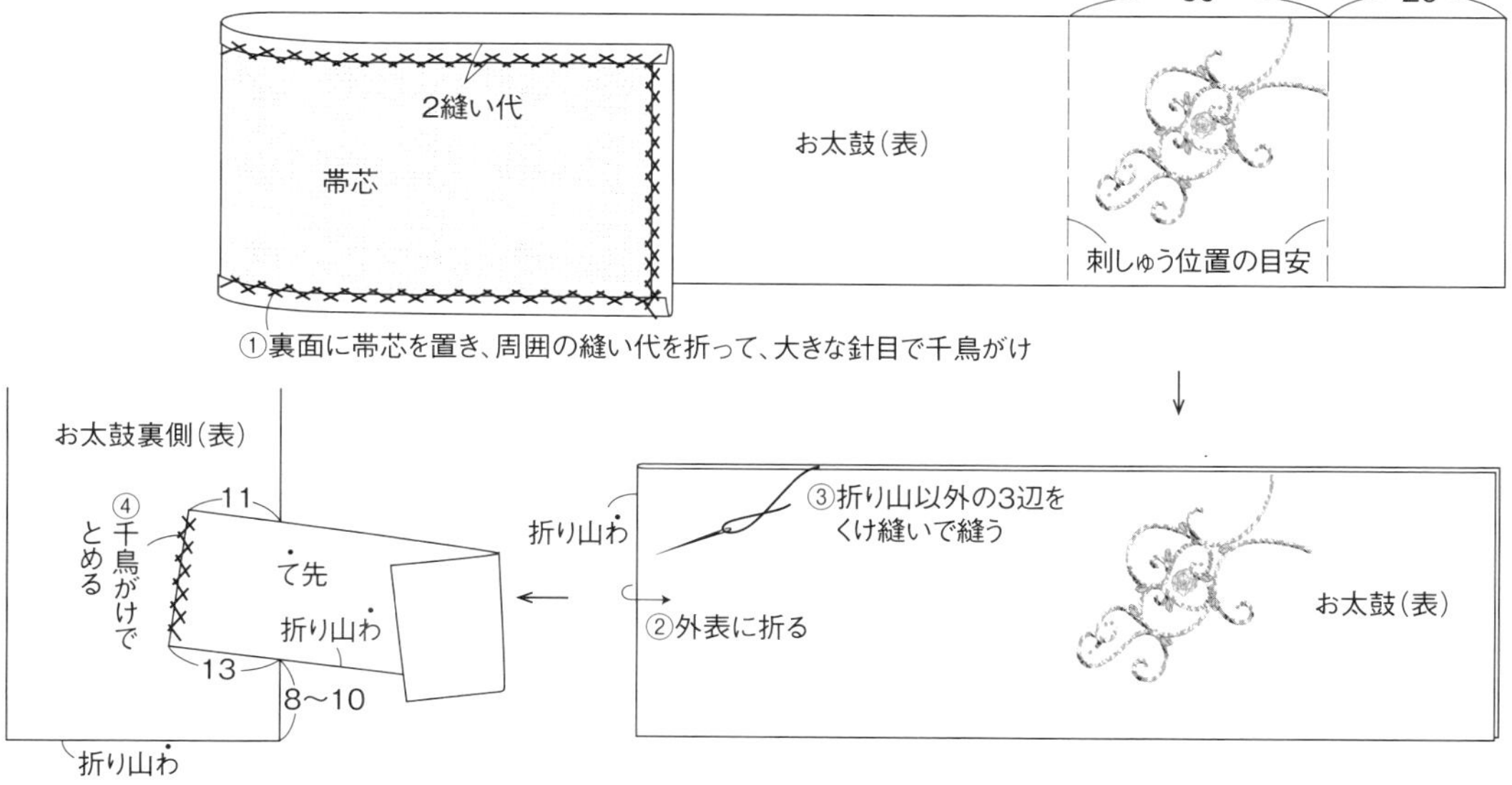

p. 6 リボン刺しゅうの帯

●実物大図案(A面)

お太鼓　お太鼓のたれ　胴

●刺しゅうの材料

MOKUBA刺しゅう用リボン

1545-2・3・6・8・9・12・18／

1546-32／4563(8㎜)-18／

F-007-3・8

…各1巻き

●使用ステッチ(リボン刺しゅう)

フェザー・ステッチ

ユキコローズ・ステッチ

レイジーデイジー・ステッチ

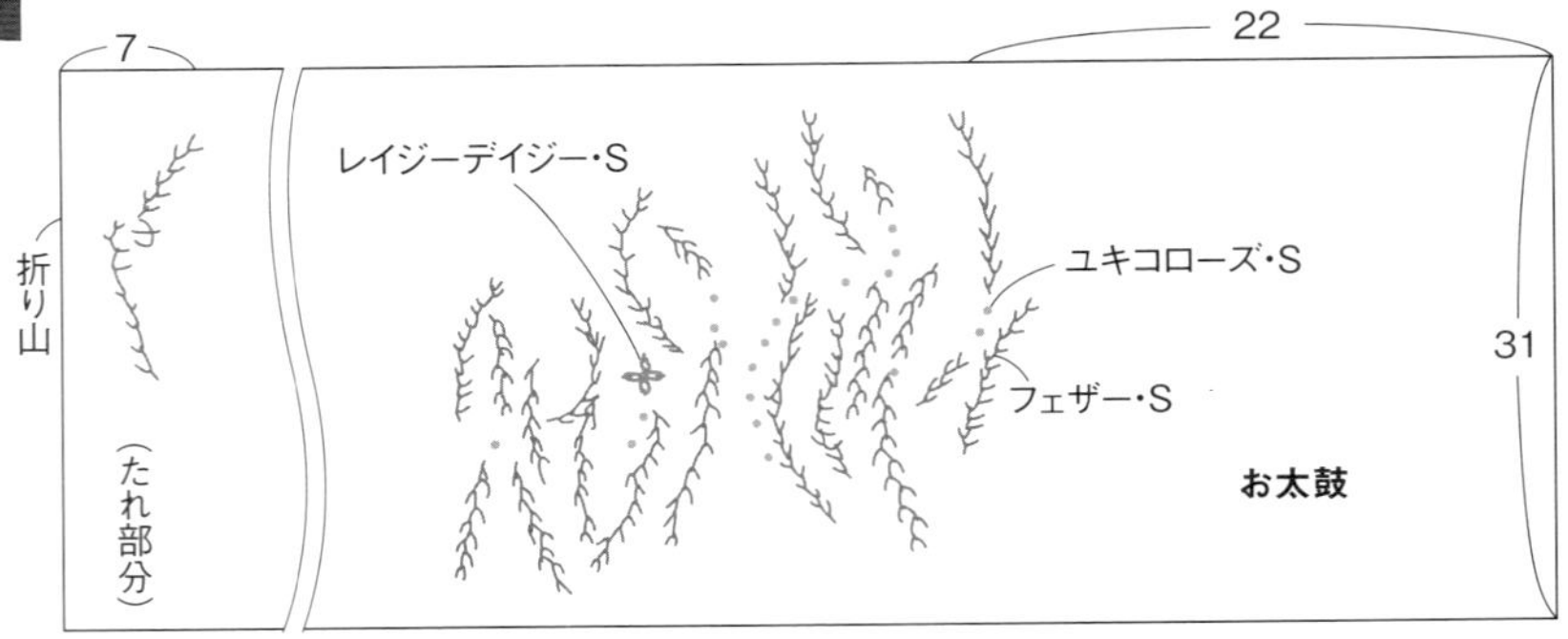

●刺しゅうのポイント

・針はリボン刺しゅう用の太タイプセット、ニット地用セットを使います。

・どこから刺し始めてもよいのですが、図案の端のフェザー・ステッチから順に刺すとよいでしょう。

・フェザー・ステッチはフライ・ステッチを右、左、右、左と交互に続けて刺していきますが、ときどき右右、左左と刺したり、少し角度を変えたり、方向も横に進むように刺すこともあります。

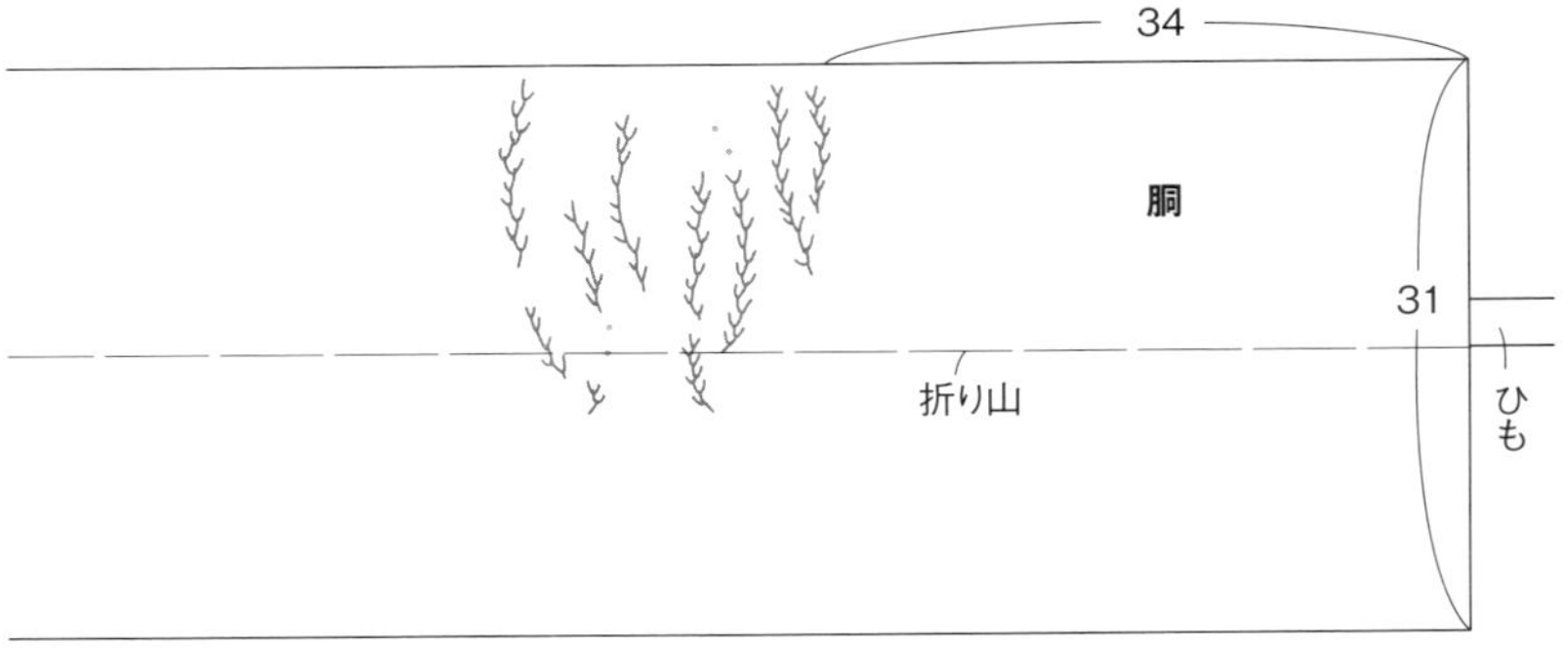

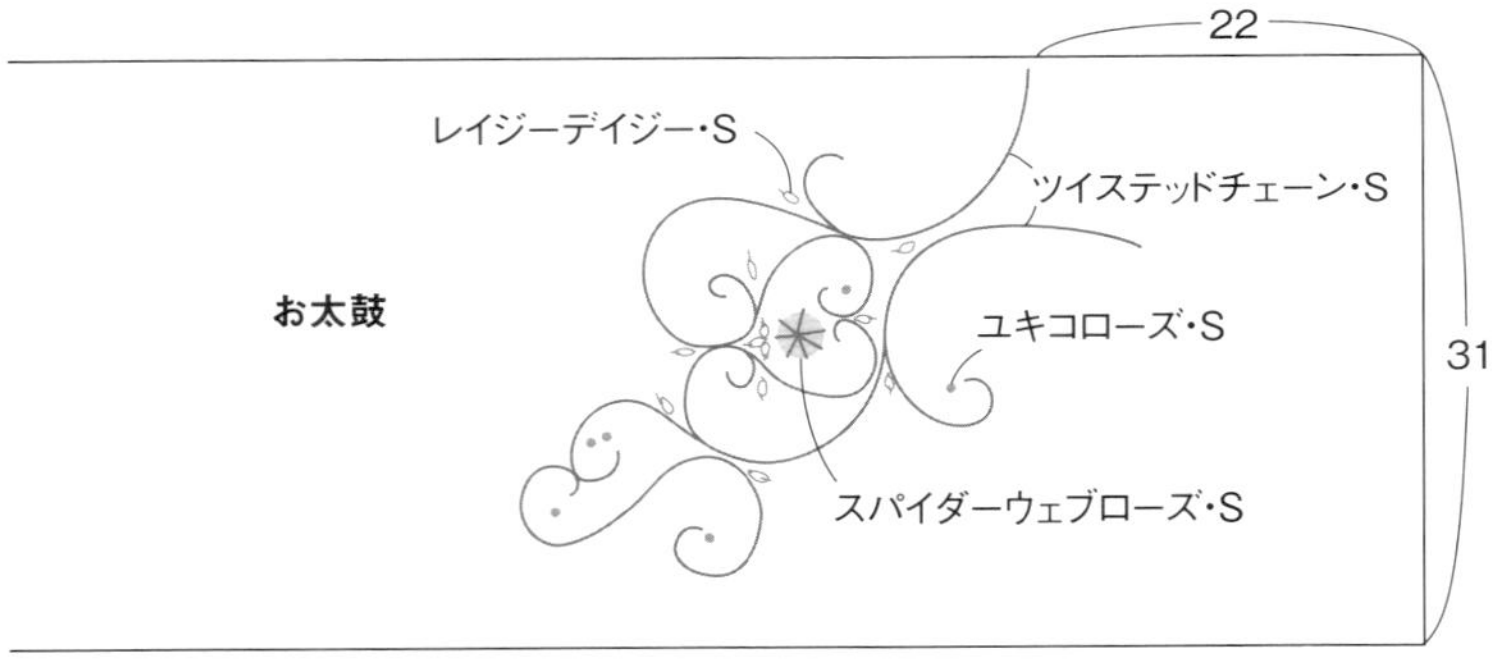

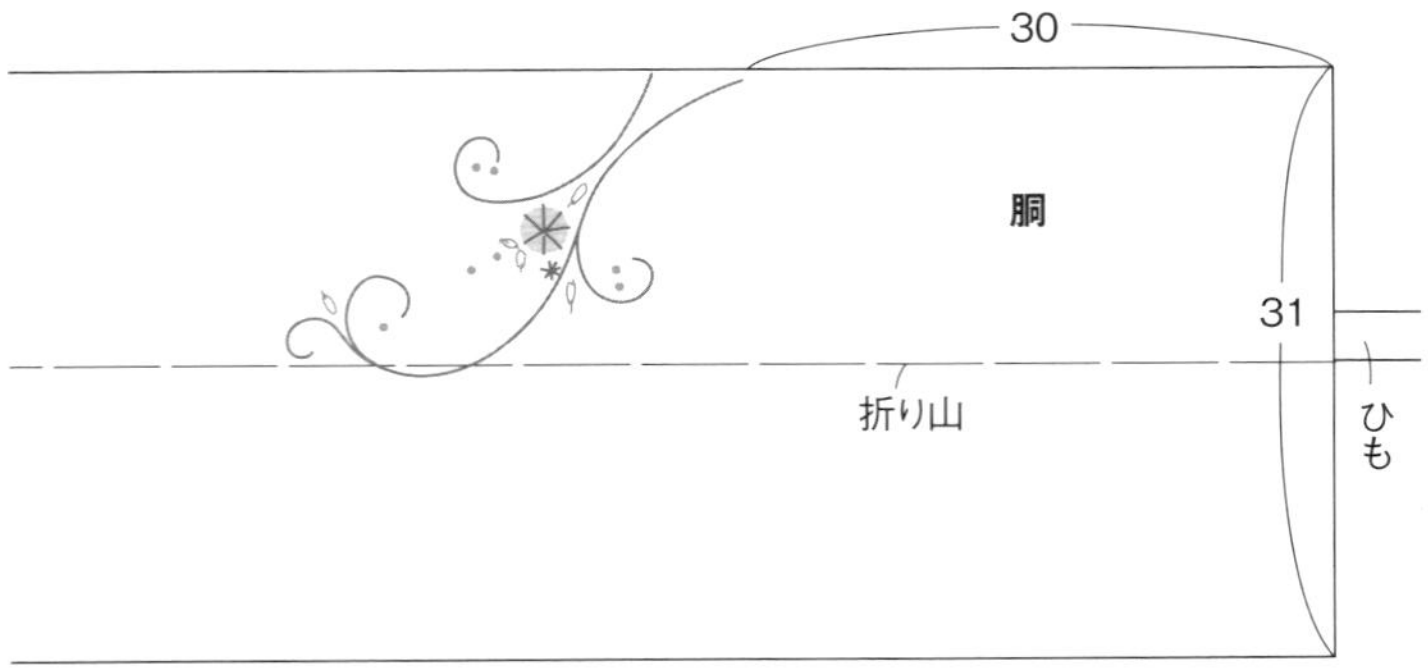

p. 18 リボン刺しゅうの帯

●実物大図案(A面)

お太鼓　胴

●刺しゅうの材料

MOKUBA刺しゅう用リボン

1540(7㎜)-035・185・198／

1546-21・32…各1巻き

1545-5・6…各2巻き

DMC5番刺しゅう糸ECRU…1束

●使用ステッチ(リボン刺しゅう)

スパイダーウェブローズ・ステッチ

ツイステッドチェーン・ステッチ

レイジーデイジー・ステッチ

ユキコローズ・ステッチ

●刺しゅうのポイント

・針はリボン刺しゅう用太タイプセット、ニット地用セットを使います。

・まず、線をリボンのツイステッドチェーン・ステッチでゆったりと刺します。ひと針を大きめに、あまり細く小さな針目にならないように、全体に図案が小さくならないように気をつけます。次に、花や葉のステッチを、リボンを引きすぎないように気をつけて刺します。

p. 17

刺しゅうの帯

●実物大図案（A面）

お太鼓　お太鼓のたれ　胴　て先

●刺しゅうの材料

DMC5番刺しゅう糸紫…2束

丸小ビーズ青…適宜

DMC25番刺しゅう糸（ビーズ用）ECRU…適宜

●使用ステッチ

フェザー・ステッチ

ツイステッドチェーン・ステッチ

レイジーデイジー・ステッチ

フレンチノット・ステッチ

●刺しゅうのポイント

・針はフランス刺しゅう針3〜6番を、ビーズをとめる針は手縫い針の薄地用（絹えりしめ）を使います。

・作品に使用した糸は特別な糸で市販されていませんが、5番刺しゅう糸で代用できます。

・刺しゅうはすべて5番刺しゅう糸1本どりで刺します。ビーズは25番刺しゅう糸1本を針に通し、2本どりにしてとめます。

・刺しゅうはどこから刺し始めてもよいのですが、図案の端から順に刺していくとよいでしょう。

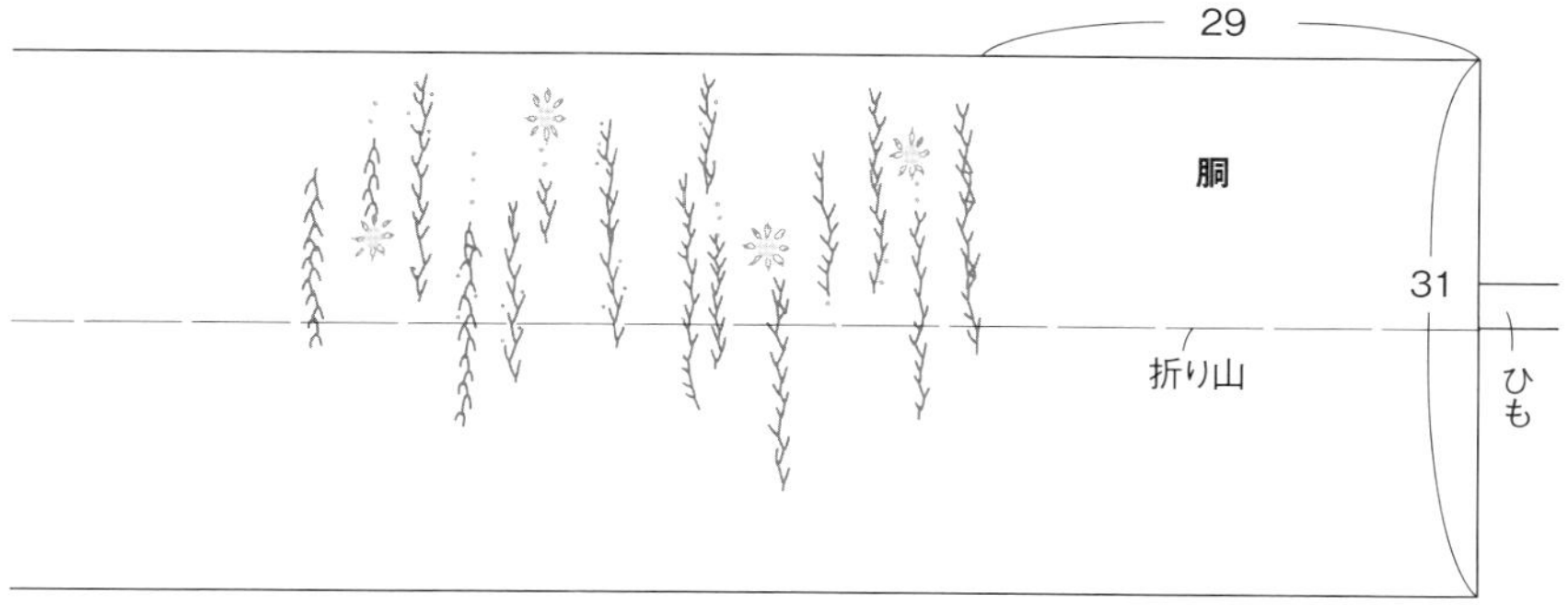

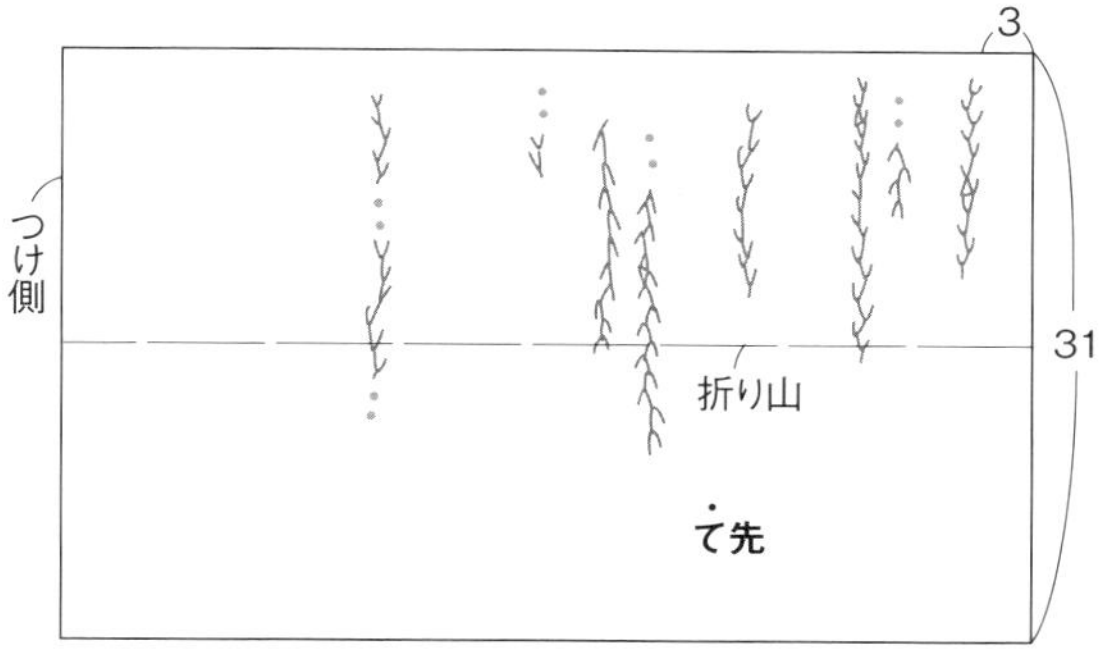

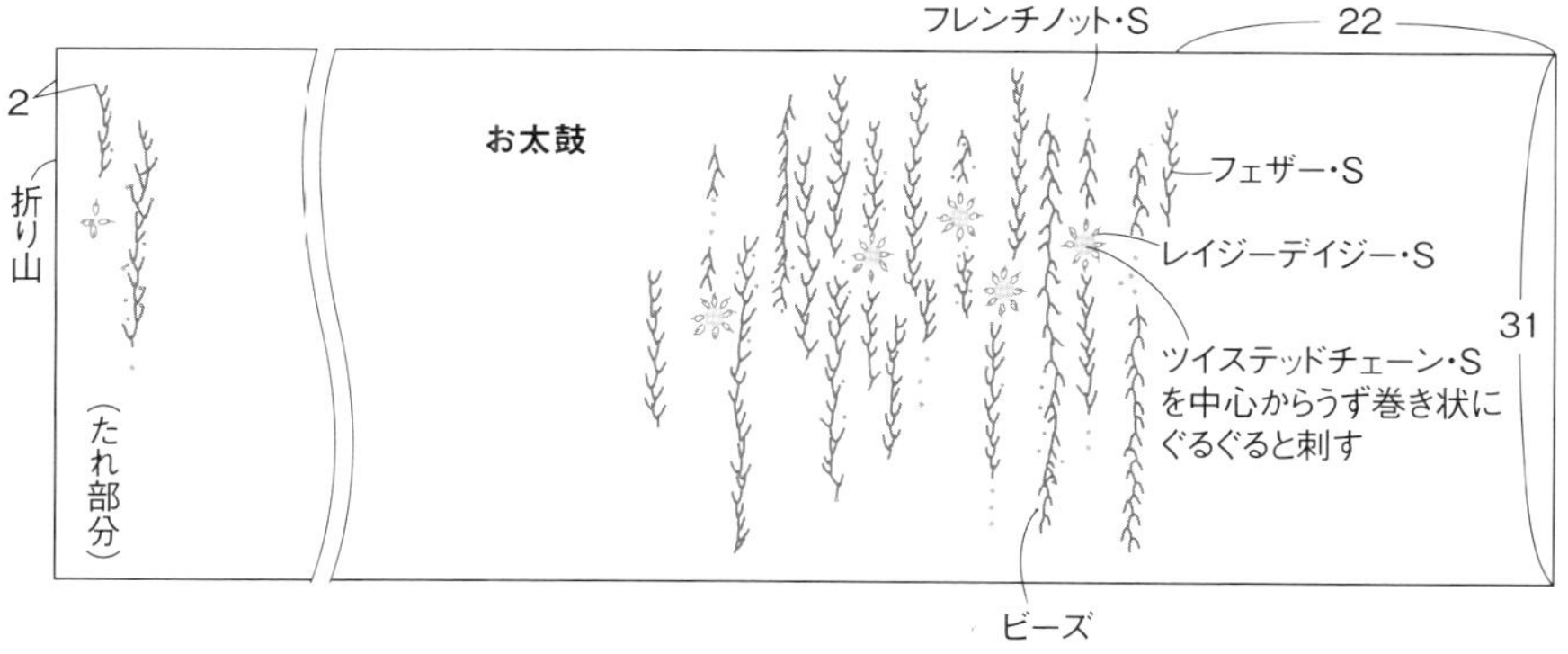

p. 22 リボン刺しゅうの帯

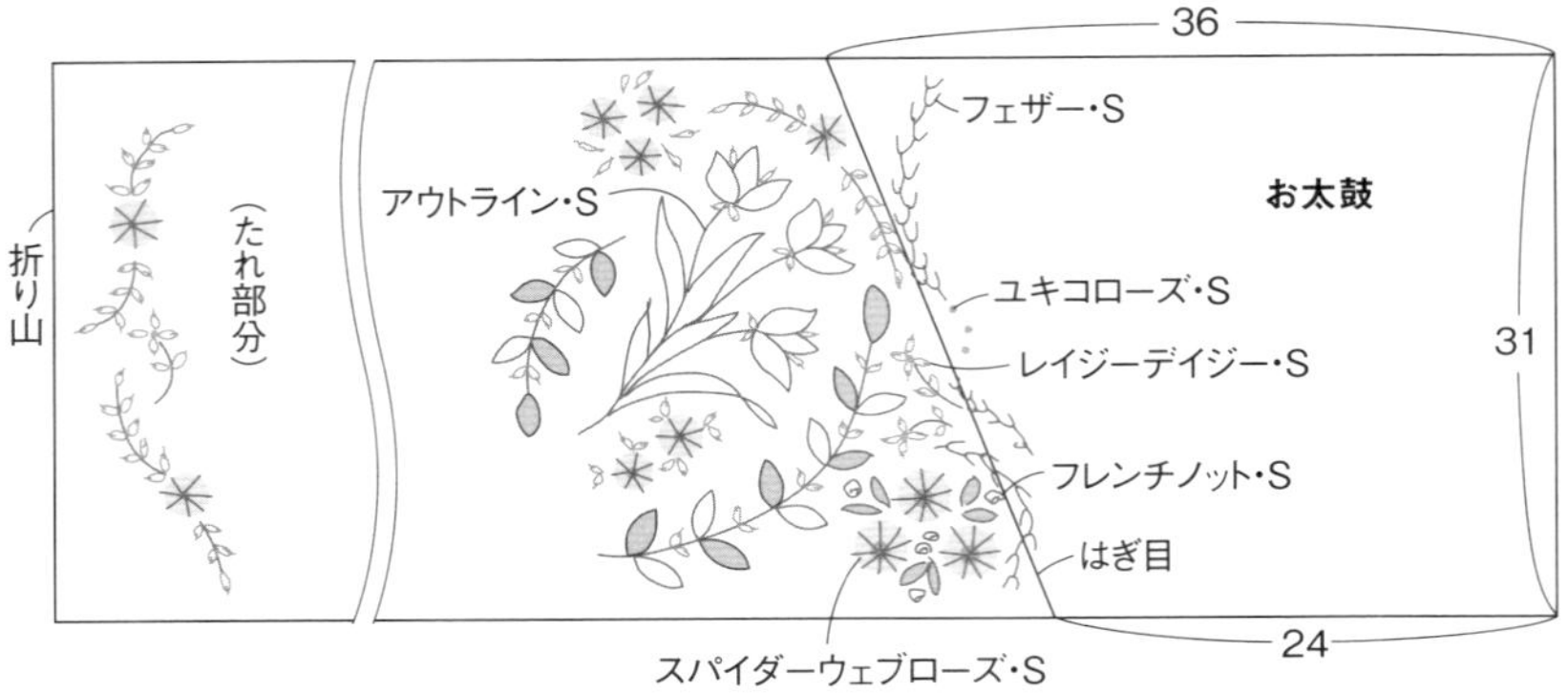

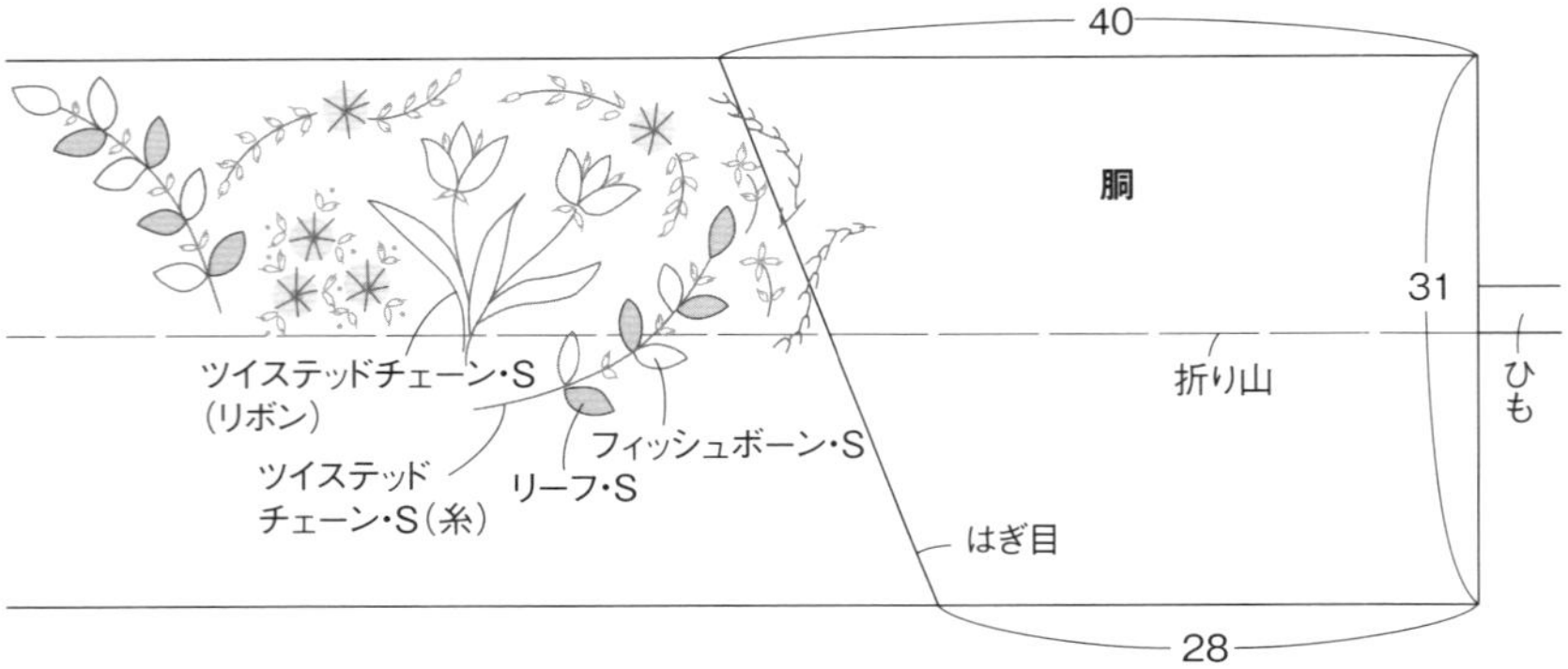

●**実物大図案（B面）**

お太鼓　お太鼓のたれ　胴

●**刺しゅうの材料**

MOKUBA刺しゅう用リボン
1541-538／1545-7／1546-26・27／1548-5／1505(4㎜)-27・(8㎜)-27…各2巻き

MOKUBAリボン　4546(9㎜)-5…3m

MOKUBAメタリックトリミングブレード
9556-4…2m

DMC5番刺しゅう糸ECRU・646…各1束

●**使用ステッチ**

リボン刺しゅう

スパイダーウェブローズ・ステッチ／フレンチノット・ステッチ／レイジーデイジー・ステッチ／フェザー・ステッチ／ツイステッドチェーン・ステッチ／フィッシュボーン・ステッチ／リーフ・ステッチ／ユキコローズ・ステッチ

糸刺しゅう

アウトライン・ステッチ／ツイステッドチェーン・ステッチ

●**刺しゅうのポイント**

・針はリボン刺しゅう用太タイプセット、ニット地用セット・フランス刺しゅう針3～6番を使います。

・中心の図案から刺すとよいでしょう。

p. 28 リボンコラージュの帯

●**リボン・刺しゅうの材料**

服飾用リボン　10～15種…各適宜

刺しゅう用リボン　好みの色…適宜

25番刺しゅう糸　2～3色…適宜

●**使用ステッチ（リボン刺しゅう）**

フェザー・ステッチ／ユキコローズ・ステッチ

●**つくり方のポイント**

・針は手縫い針の薄地用（絹えりしめ）、リボン刺しゅう用細タイプセット、フランス刺しゅう針3～6番を使います。

・好きなリボンを図を参考に配置し、たてまつりで縫いとめてリボン刺しゅうを加えます。

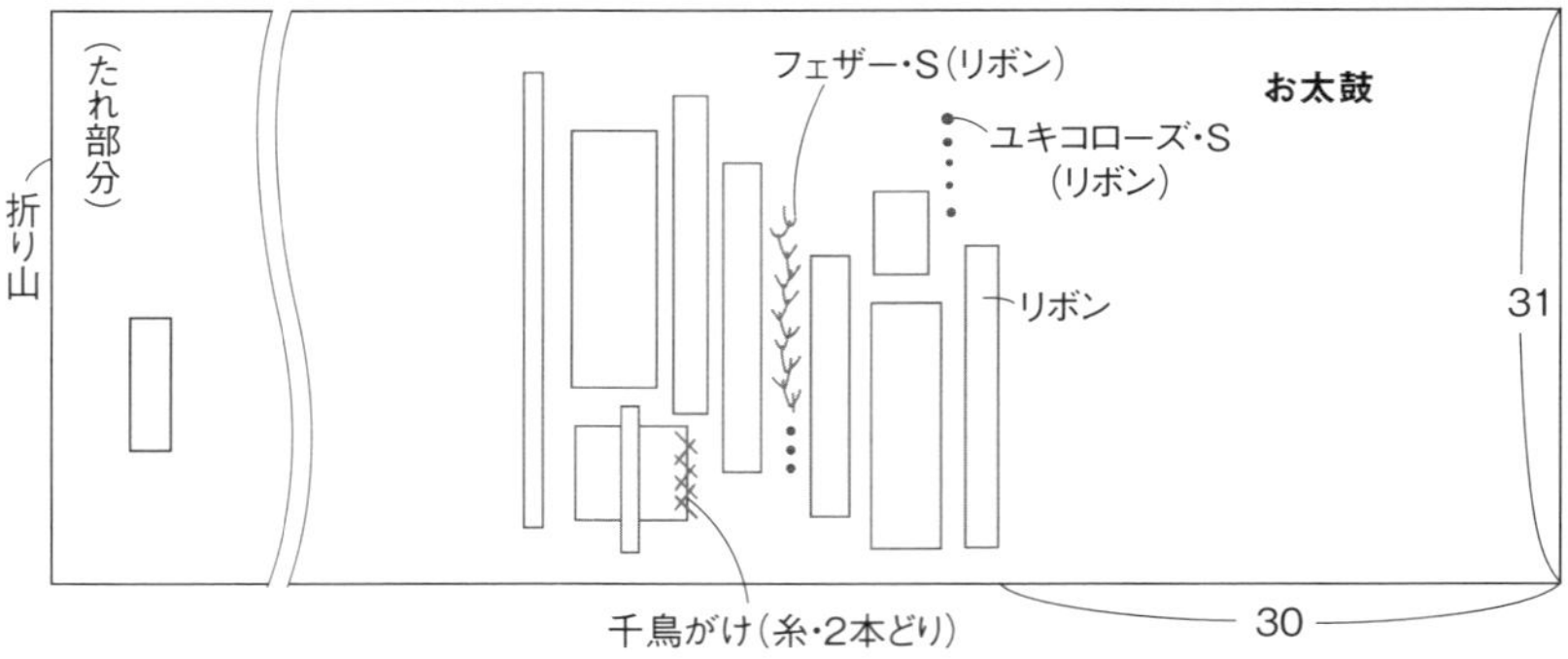

[リボンのとめ方]

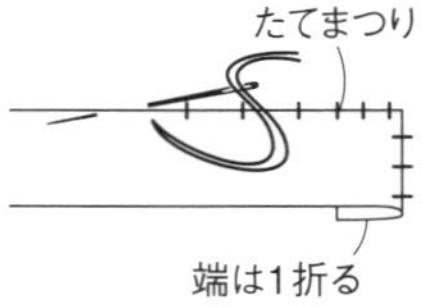

＊糸は25番刺しゅう糸
1本を針に通して2本どりで使う

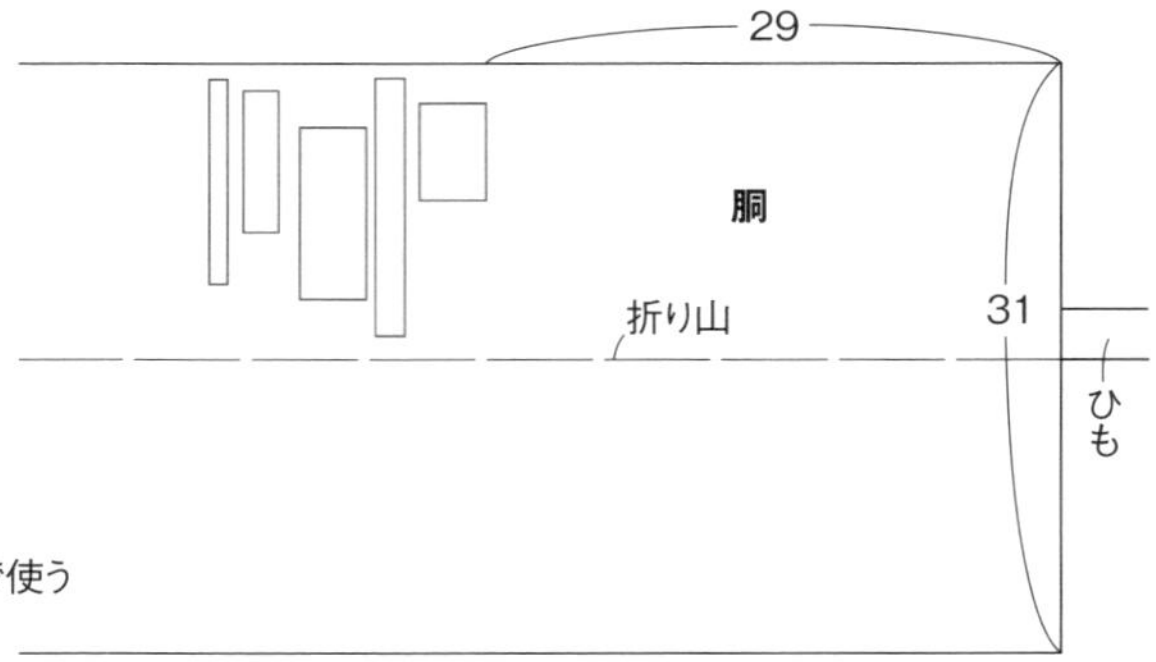

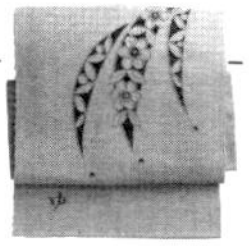

p. 24 ダイ・ステッチワークの帯

●実物大図案（B面）
お太鼓　胴

●刺しゅうの材料
布用染色ペン（呉竹ファブリカラーツイン）　ダークブラウン
DMC25番刺しゅう糸　612…2束
三角ビーズ　ピンク…適宜

●使用ステッチ
ダイ・ステッチワークのチェーン・ステッチ／ツイステッドチェーン・ステッチ／アウトライン・ステッチ／ウィービングローズ・ステッチ

●つくり方のポイント
・針はフランス刺しゅう針3 ～ 6番を、ビーズをとめるには手縫い針の薄地用（絹えりしめ）を使います。
・図案の一部を布用染色ペンで染めるので、帯地には図案の写しやすい平らな布で、木綿や麻、絹など天然繊維の無地の布を選んでください。
・図案を帯地に写したら、まず、染める部分を布用染色ペンで、丁寧に塗りつぶします（①）。ペン先を布から離さないようにして塗り進めるときれいに塗れます。次にその周囲に図の②～⑦の順番でステッチを刺して、カットワーク風に仕上げます。ビーズは最後に、返し縫いの要領でとめつけます（⑧）。

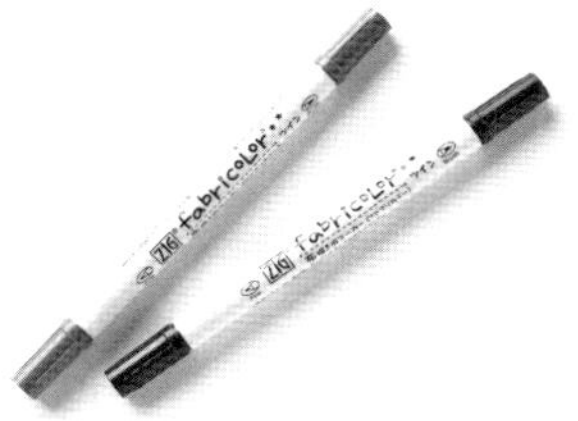
布用染色ペン

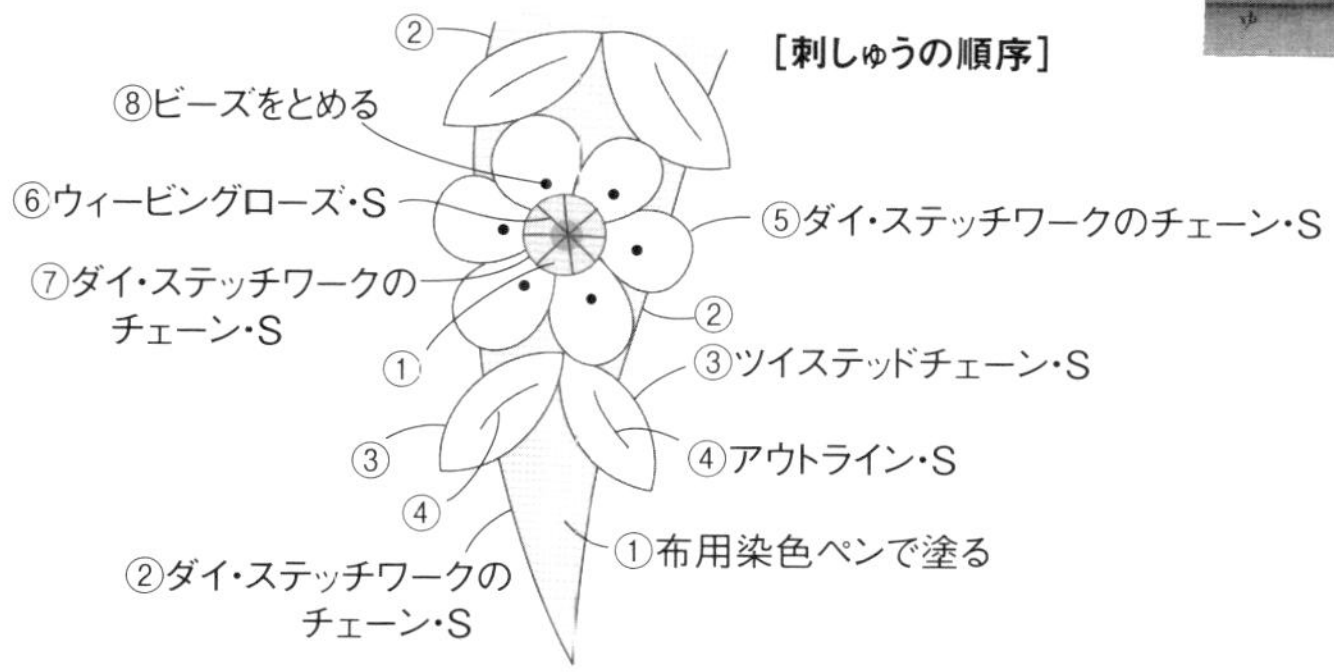

●ダイ・ステッチワークのチェーン・ステッチ

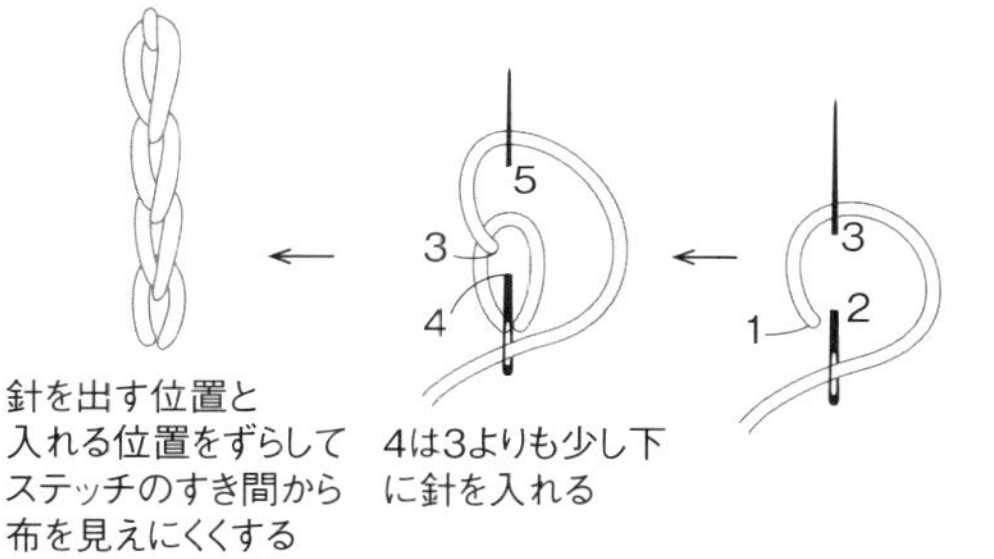

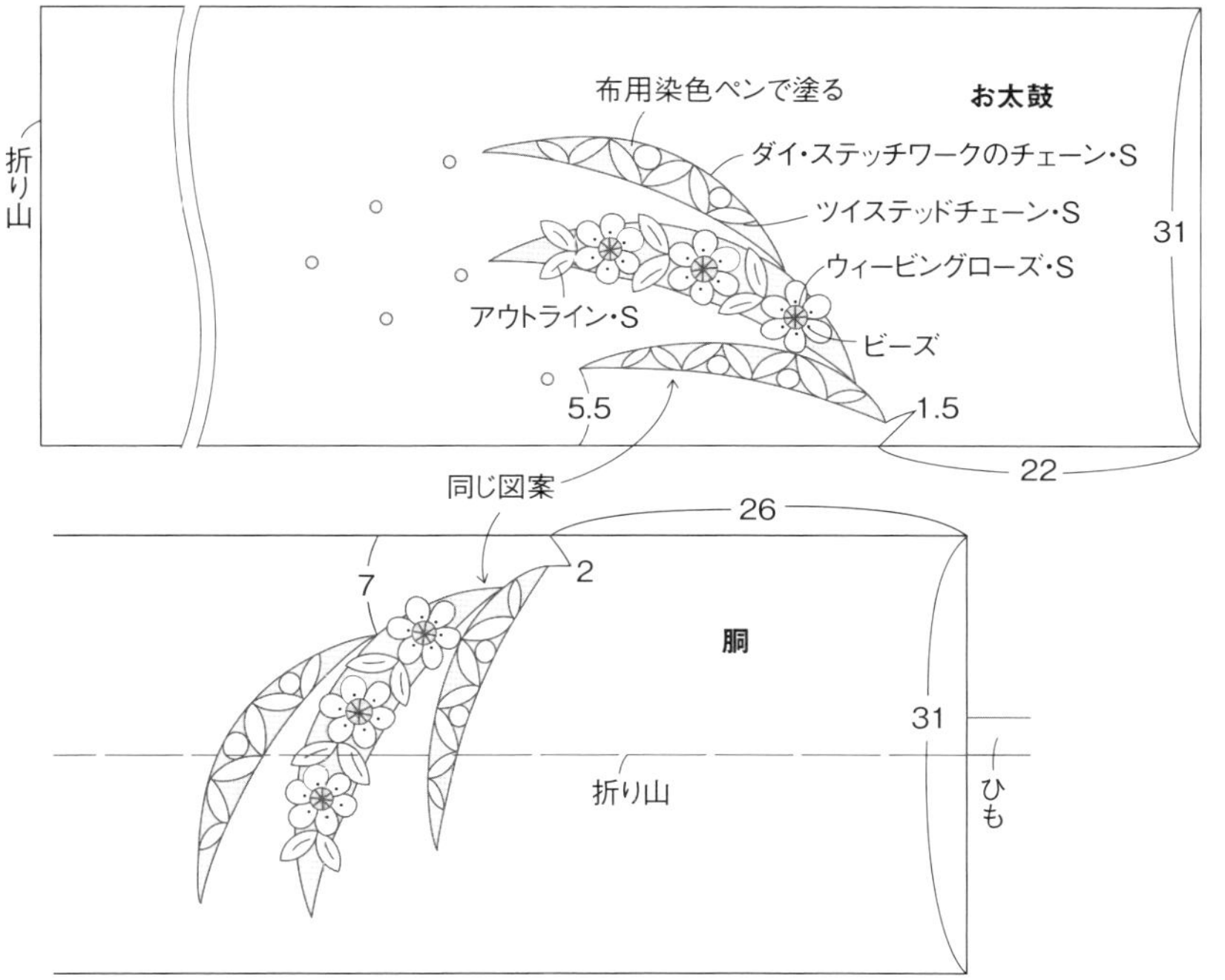

アップリケの帯

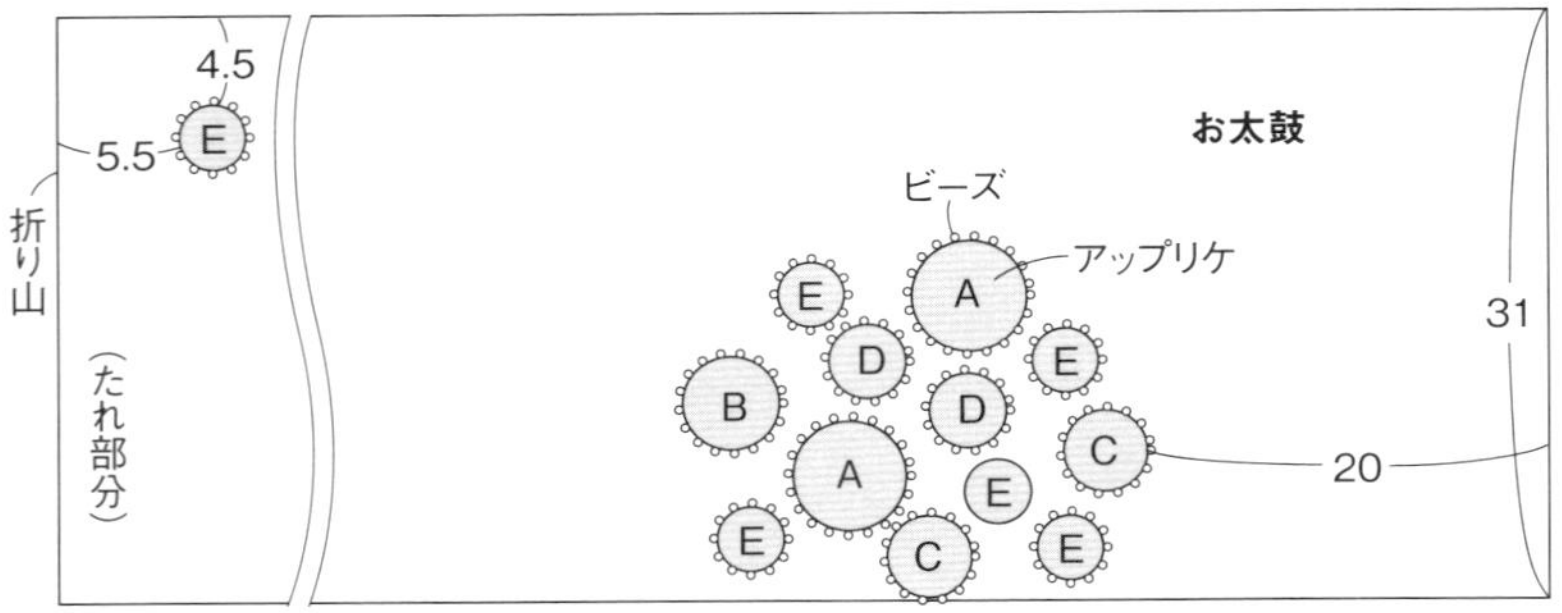

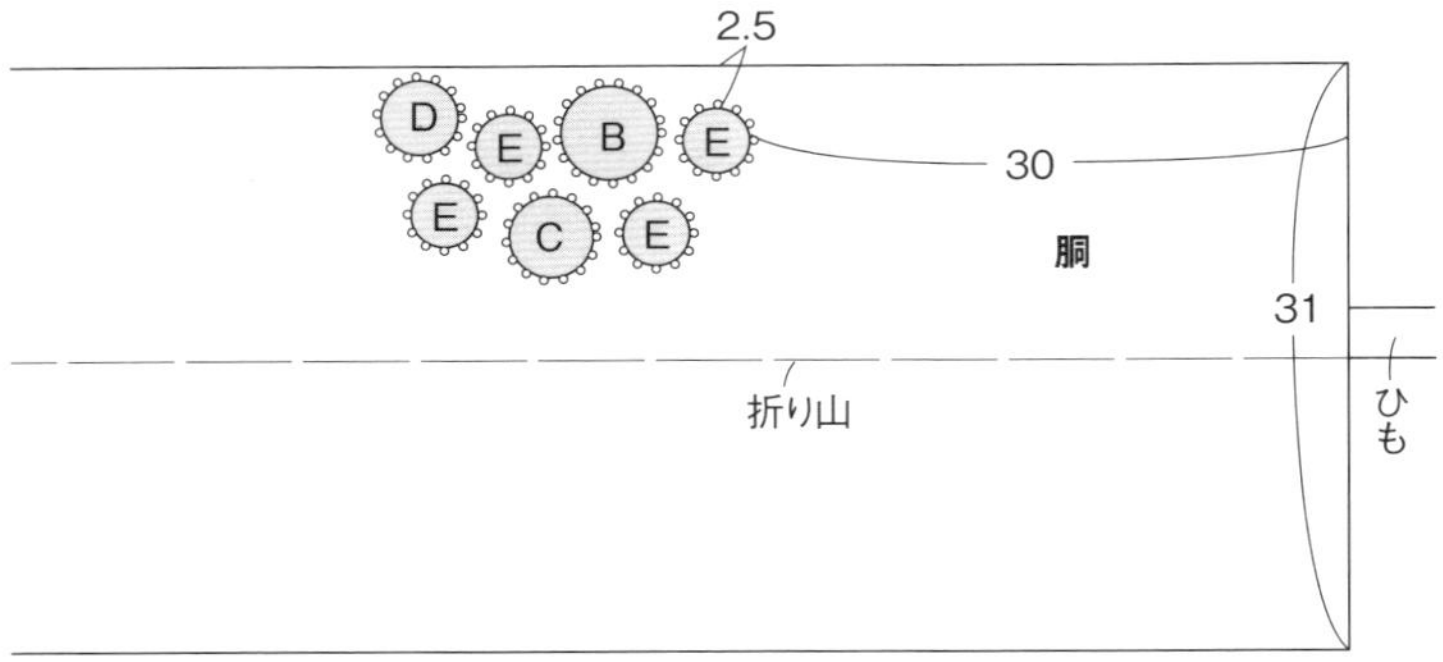

●アップリケの材料

アップリケ用布　絞り染めや小紋染めなど数種…各適宜
片面接着キルト綿（薄手）…30×30㎝
25番刺しゅう糸　アップリケ布に合わせて2〜3色…各適宜
デリカビーズ…適宜
厚紙（型紙用・はがき程度の厚さ）…20×15㎝

●型紙のつくり方

下の実物大型紙のA〜Eの5種類の円を厚紙に描き、周囲に0.8〜1㎝の縫い代をつけて、縫い代線どおりに切りとります。次に、中をでき上がり線どおりにくり抜いて、でき上がり寸法の型紙（モチーフづくりに使用）と、中をくり抜いた型紙（布の裁断に使用）の2種類を用意します（図参照）。

●アップリケ布の裁ち方

布の表面にくり抜きの型紙を置いて、柄の出方を見ながら裁つ位置を決め、外側の縫い代線どおりに布を裁ちます。

●つくり方のポイント

・針は手縫い針の薄地用（絹えりしめ）を使います。
・アップリケの丸いモチーフを必要な枚数つくり（図参照）、お太鼓、胴の図を参考に、自由に配置を決めます。モチーフはビーズをひと粒ずつ通しながら、たてまつりで帯地に縫いとめます（100ページ参照）。

［アップリケモチーフのつくり方］

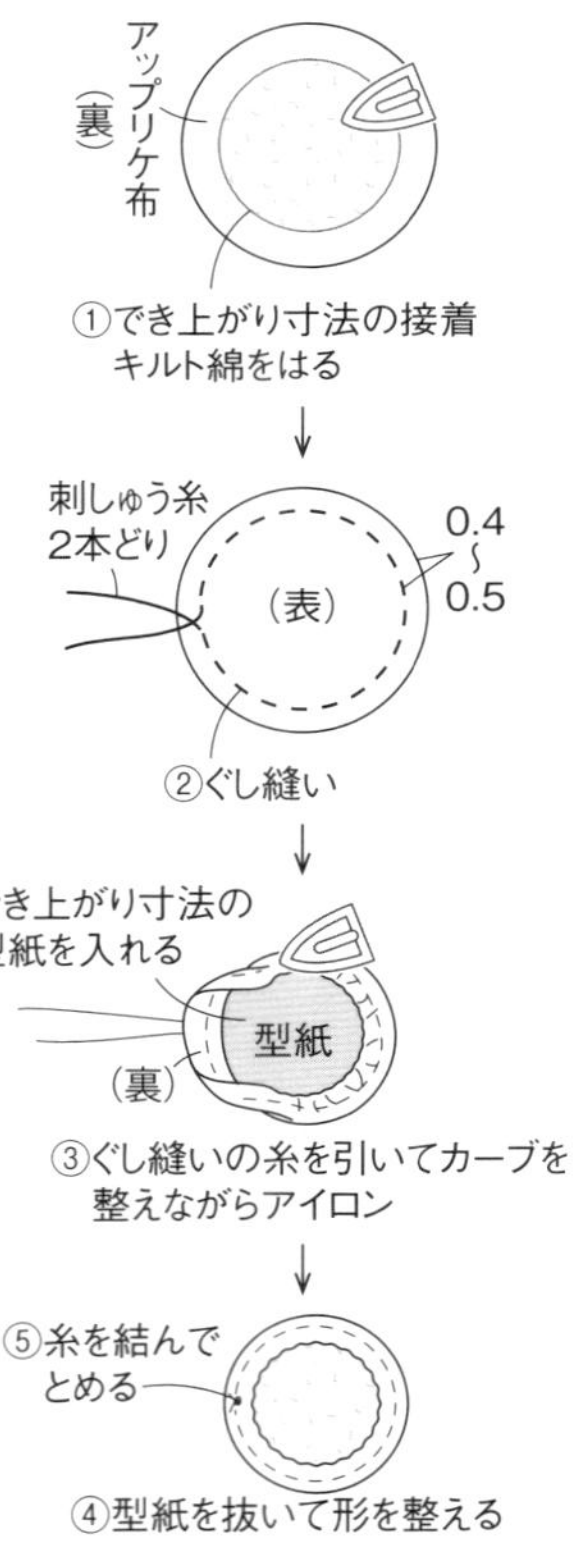

［型紙のつくり方］

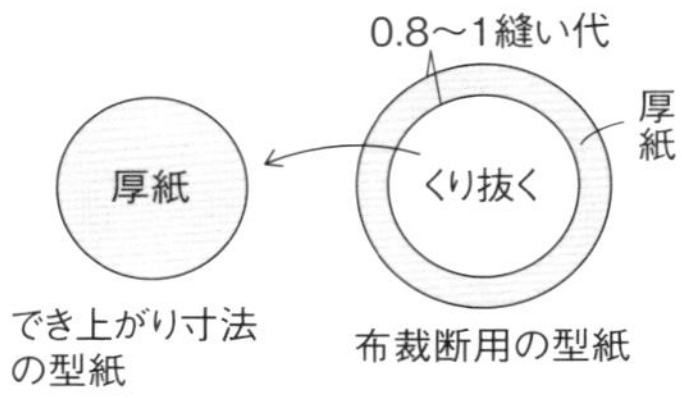

［実物大型紙］

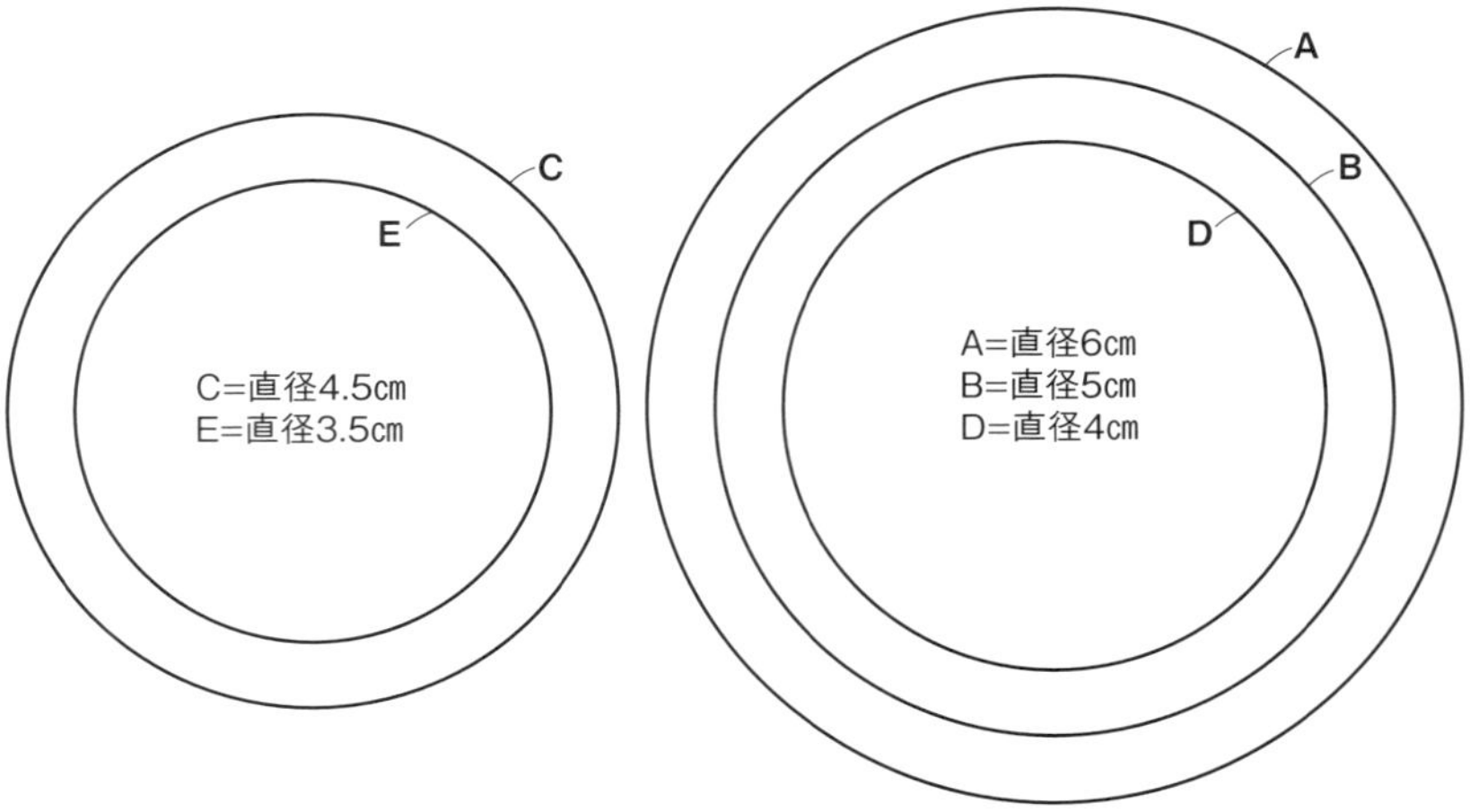

p. 40
アップリケの帯

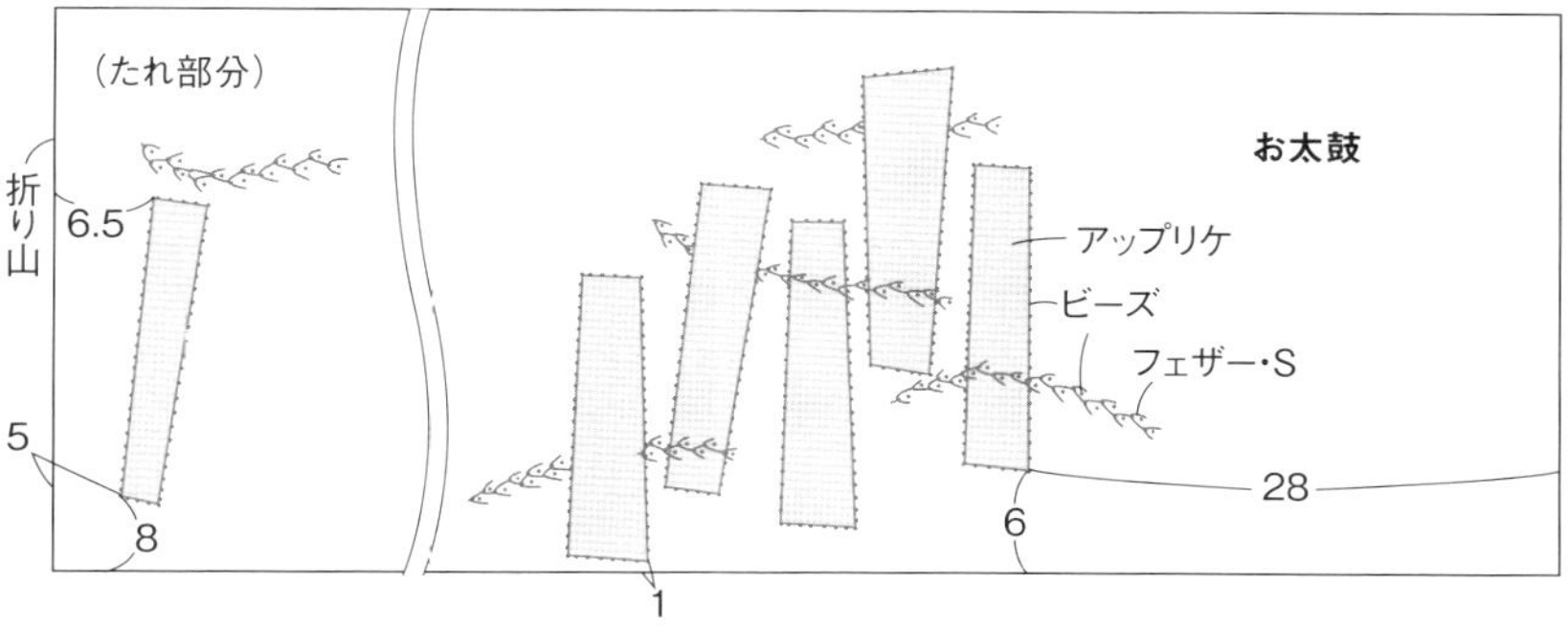

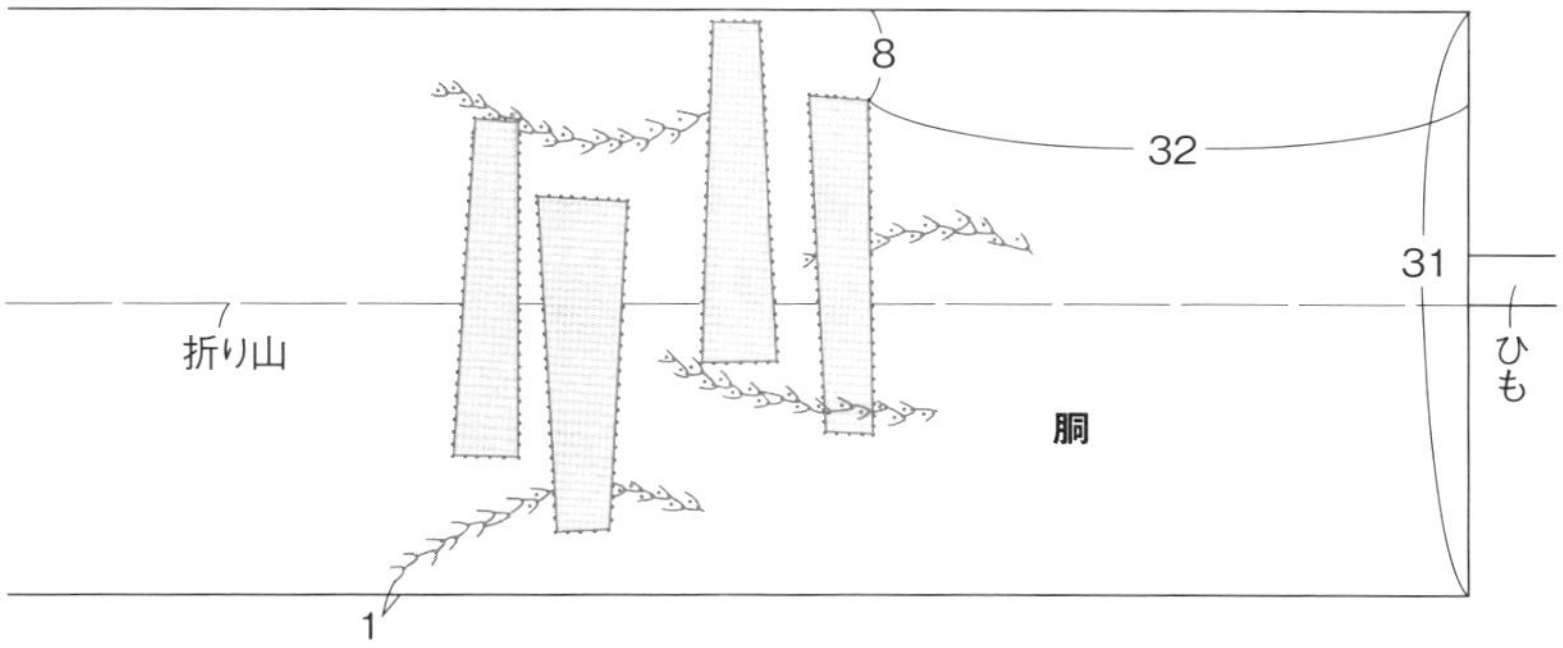

●実物大図案（B面）
お太鼓　お太鼓のたれ　胴

●アップリケ・刺しゅうの材料
アップリケ用布　染め小紋など
…50×40㎝
片面接着キルト綿（薄手）…40×30㎝
5番刺しゅう糸
アップリケ布に合わせた色…1束
25番刺しゅう糸
アップリケ布に合わせた色…1束
デリカビーズ
アップリケ布に合わせた色…適宜
厚紙（型紙用・はがき程度の厚さ）
…45×35㎝

●使用ステッチ
フェザー・ステッチ

●型紙のつくり方
アップリケの型紙は、まず、付録B面の実物大図案のアップリケ部分を厚紙に写します。そのでき上り線の外側に1㎝の縫い代をつけて、縫い代線どおりに切りとります。次に、でき上がり線どおりに中をくり抜いて、でき上がり寸法の型紙（モチーフづくりに使用）と、中をくり抜いた型紙（布の裁断に使用）の2種類を用意します（図参照）。

●アップリケ布の裁ち方
布の表面にくり抜きの型紙を置いて、柄の出方を見ながら裁つ位置を決め、外側の縫い代線どおりに布を裁ちます。

●つくり方のポイント
・アップリケ、ビーズつけには、手縫い針の薄地用（絹えりしめ）、フェザー・ステッチにはフランス刺しゅう針3〜6番を使います。
・アップリケのモチーフをつくり（図参照）、実物大図案を参考に帯地への配置を決め、ビーズをひと粒ずつ通しながら、たてまつりで帯地に縫いとめます（100ページ参照）。次に、5番刺しゅう糸でフェザー・ステッチを刺し、ステッチの間にビーズをひと粒ずつとめつけます。ビーズは25番刺しゅう糸1本を針に通して2本どりにし、返し縫いの要領でとめていきます。

［型紙のつくり方］

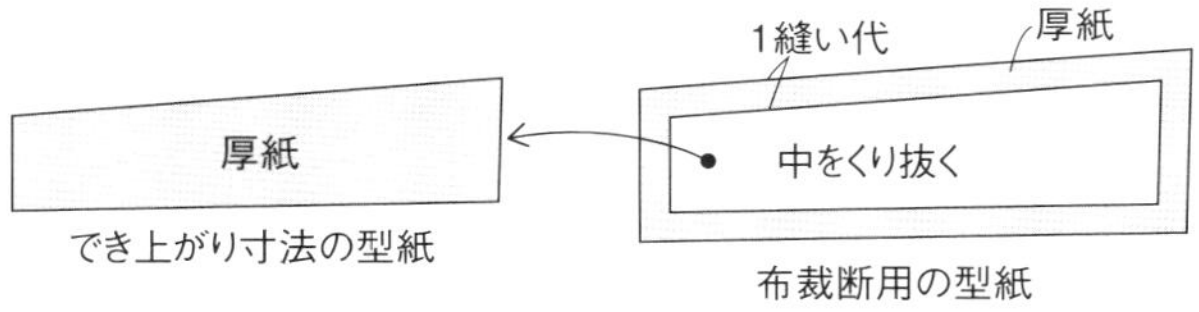

［アップリケモチーフのつくり方］

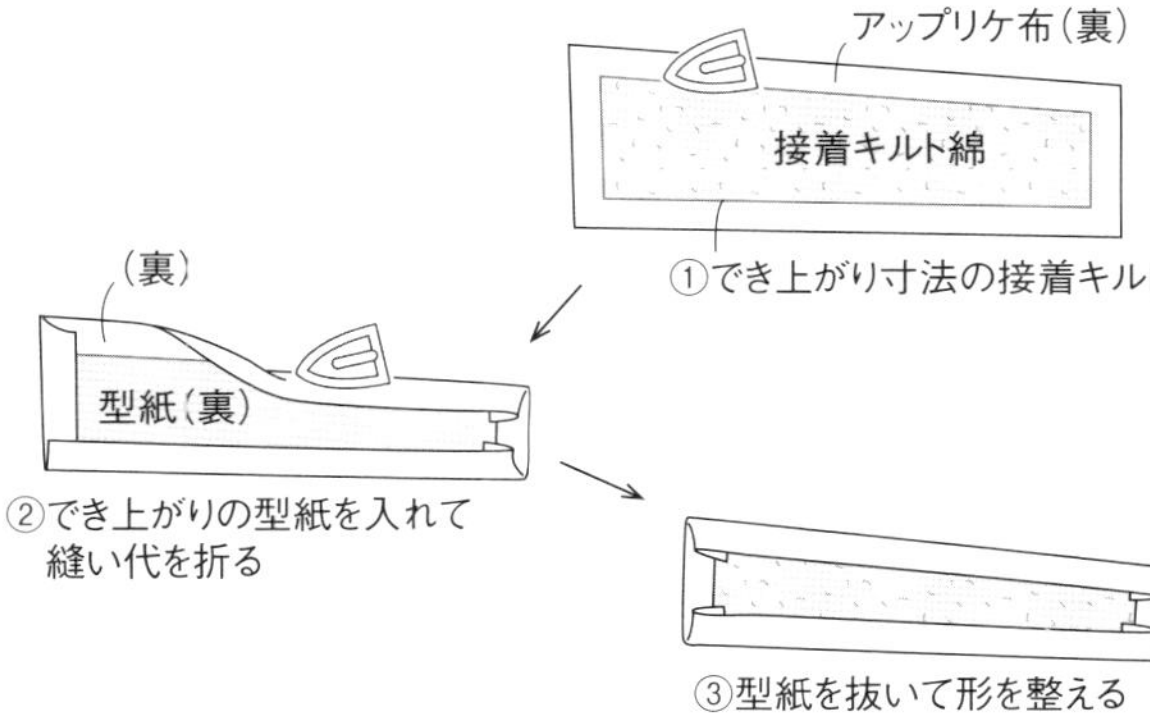

p. 41

アップリケの帯

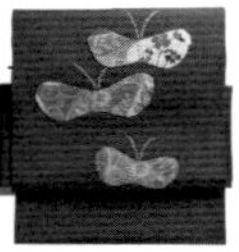

●**アップリケ・刺しゅうの材料**

アップリケ用布　縮緬など…40×30㎝
片面接着キルト綿(薄手)…35×25㎝
25番刺しゅう糸
　アップリケ布に近い色…適宜
MOKUBA刺しゅう用リボン
　F-009-00…適宜
デリカビーズ
　色はアップリケ布に合わせる…適宜
厚紙(型紙用・はがき程度の厚さ)
　…40×30㎝

●**使用ステッチ**

ツイステッドチェーン・ステッチ

●**型紙のつくり方**

左ページの図案を、170%に拡大コピーをして実物大にします。その図案を厚紙に写し、さらに周囲に0.8〜1㎝の縫い代をつけて、縫い代線どおりに切りとります。次に中をでき上がり線どおりにくり抜き、でき上がり寸法の型紙(モチーフづくりに使用)と、中をくり抜いた型紙(布の裁断に使用)の2種類を用意します(図参照)。

●**アップリケ布の裁ち方**

くり抜きの型紙を使い、布の表面に置いて、柄の出方を見て裁つ位置を決め、外側の縫い代線どおりに布を裁ちます。

●**つくり方のポイント**

・針は手縫い針の薄地用(絹えりしめ)とフランス刺しゅう針3〜6番を使います。
・アップリケのモチーフをつくり、ビーズをひと粒ずつ通しながらたてまつりで帯地に縫いとめます(図参照)。次に、ツイステッドチェーン・ステッチを刺し、ビーズをとめつけます。ビーズは25番刺しゅう糸1本を針に通し、2本どりにして、ひと粒ずつ返し縫いの要領でとめていきます。

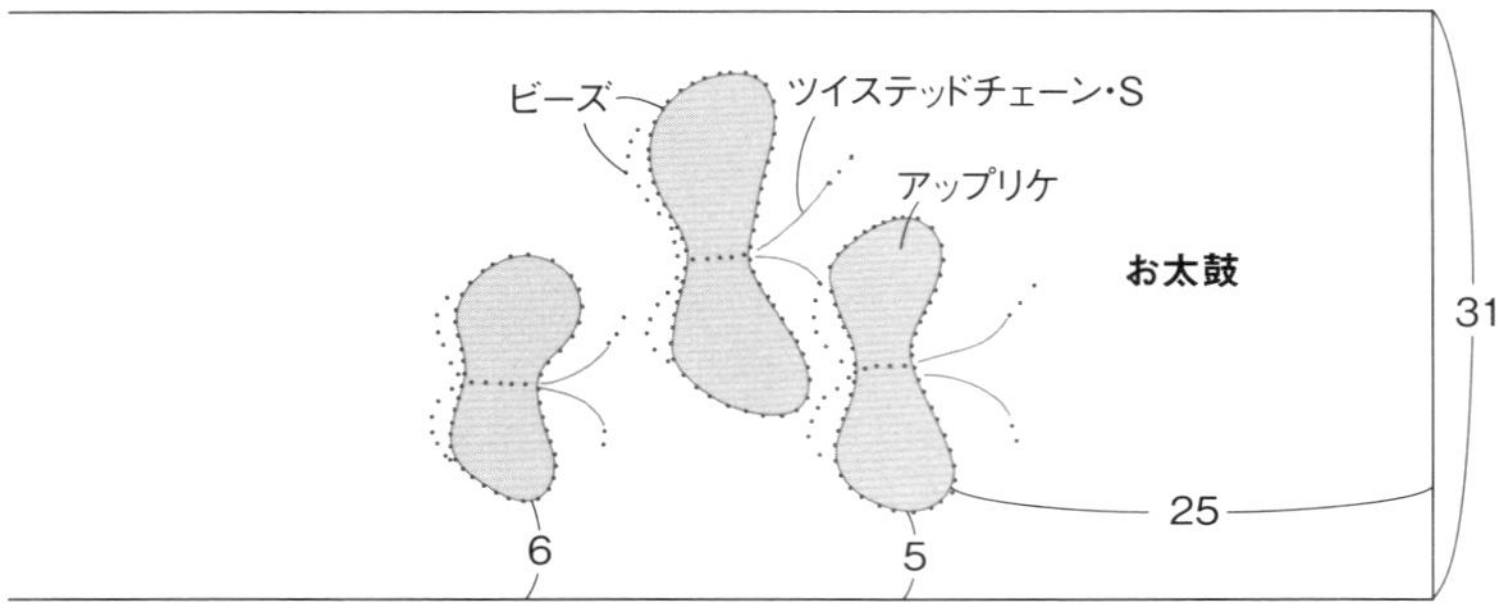

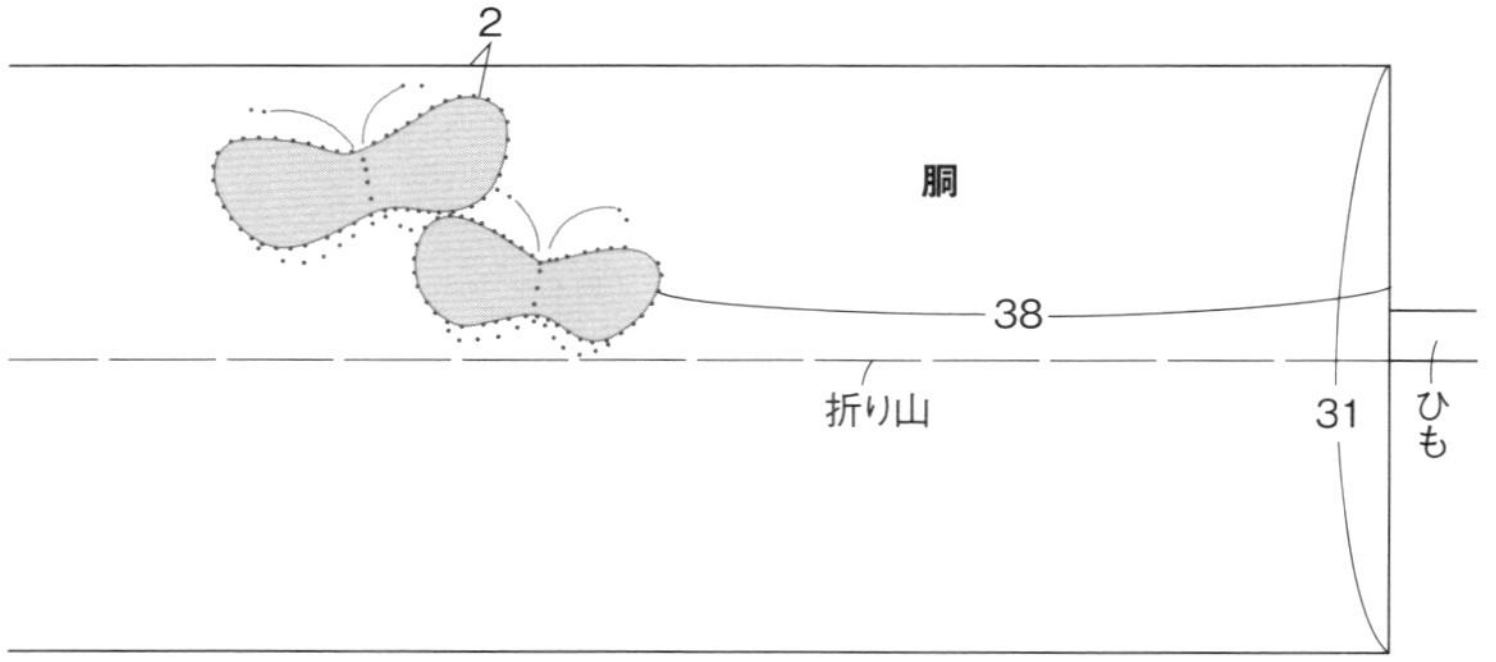

[型紙のつくり方]

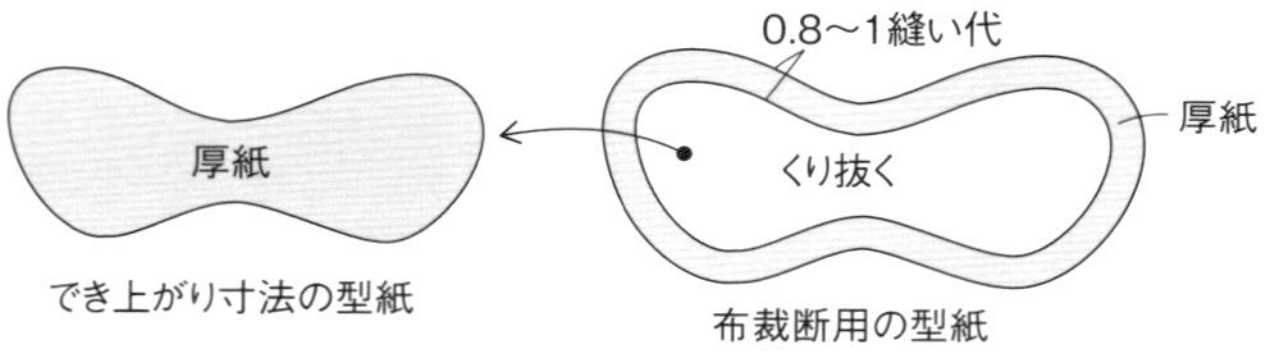

[アップリケのしかた]

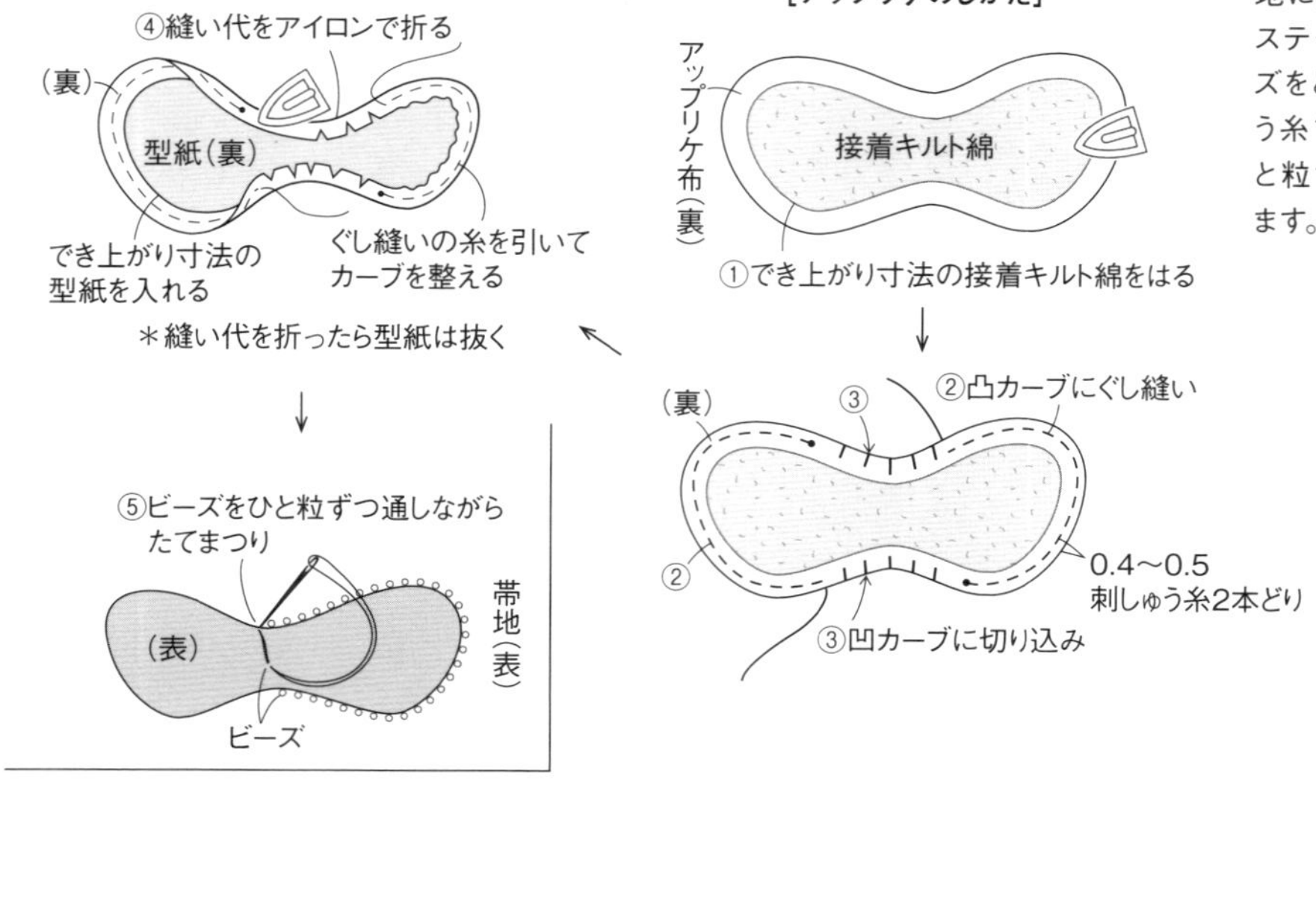

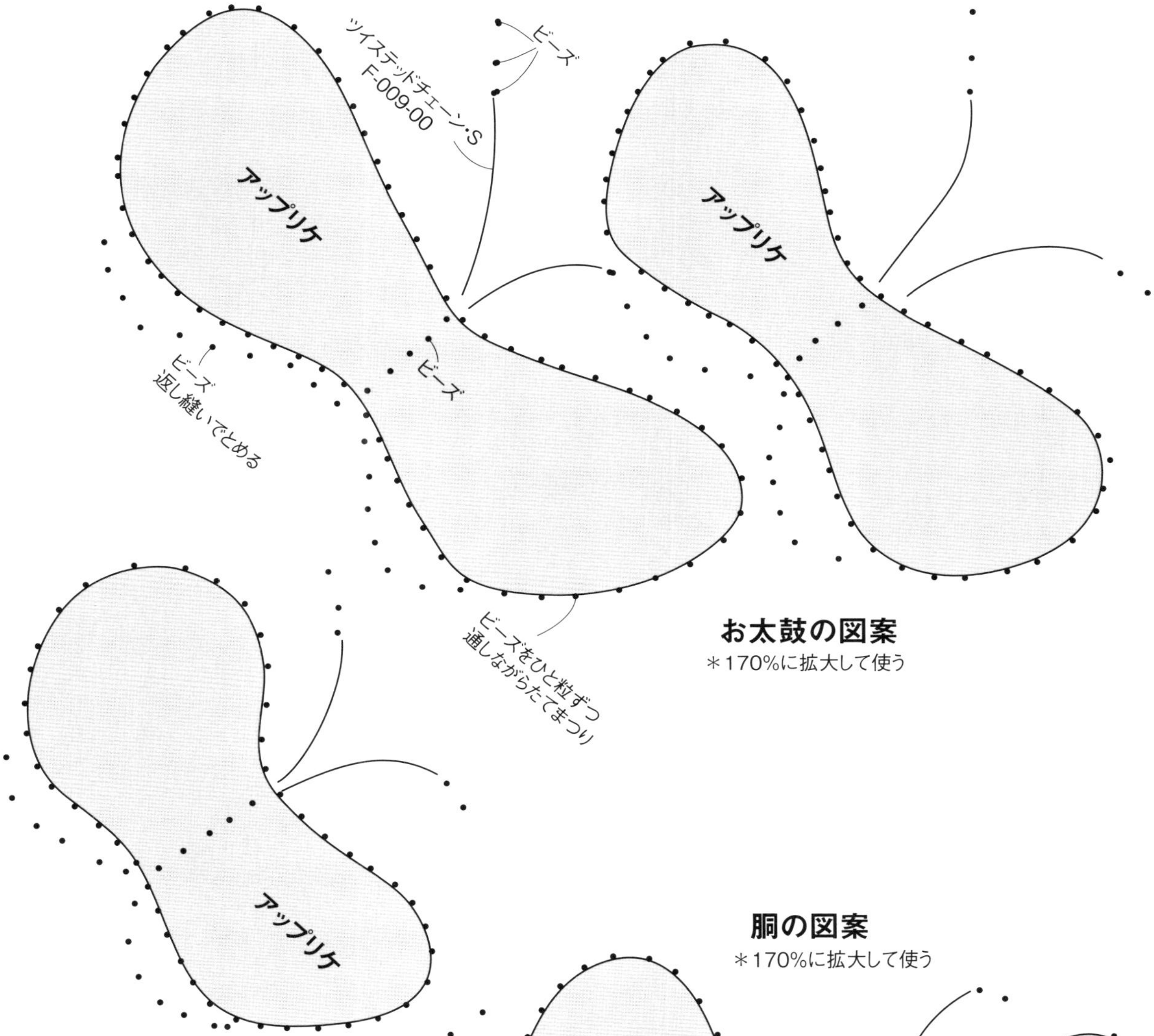

お太鼓の図案

＊170%に拡大して使う

胴の図案

＊170%に拡大して使う

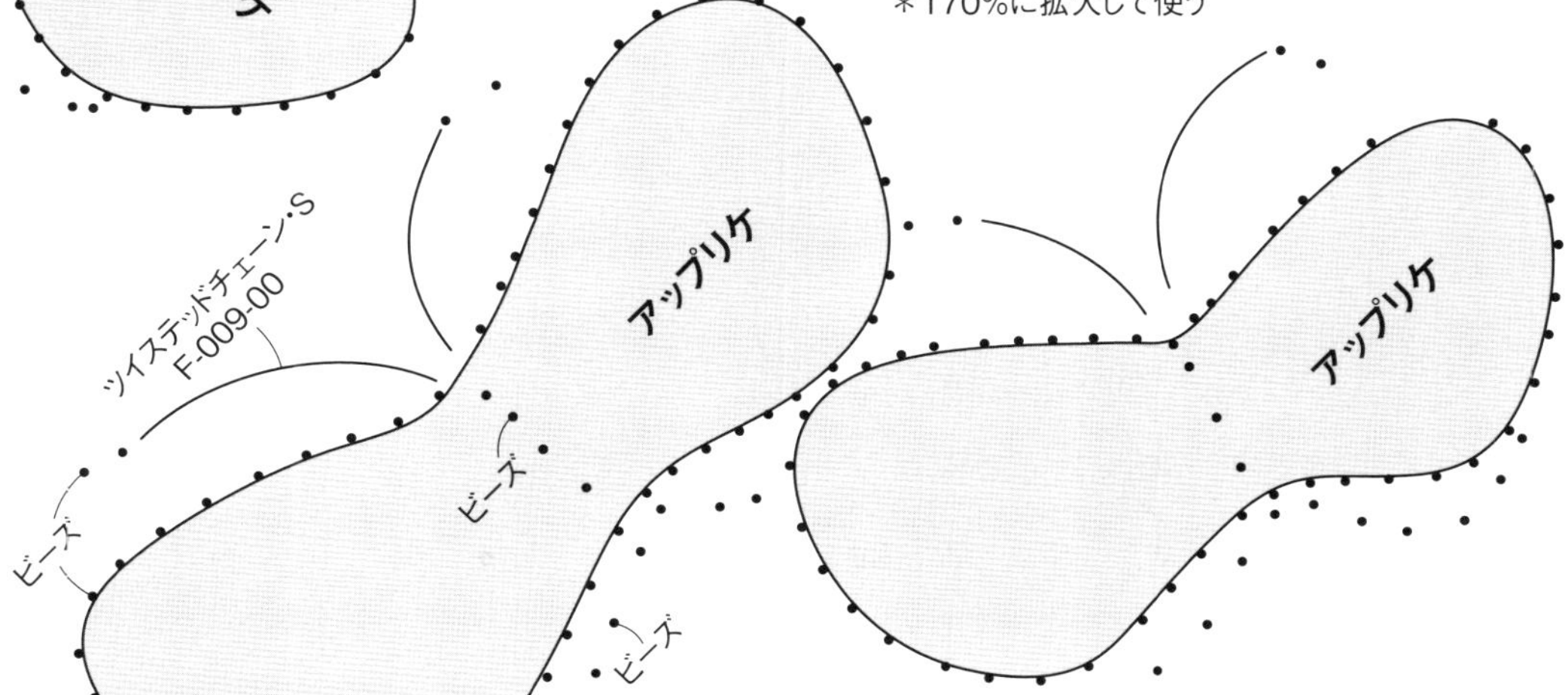

p. 50

きりばめの帯

●実物大型紙（B面）

お太鼓　胴

●材料

ピース布（お太鼓・胴・て先）　着物地など15～20種…各適宜

お太鼓の表布　着物地など
…34cm幅1m10cm

胴の表布　着物地など…34cm幅1m

帯芯…35cm幅4m20cm

サテンリボン（ひも用）…2.5cm幅2m

厚紙（型紙用・はがき程度の厚さ）
…適宜

●型紙のつくり方

1～15のピースの型紙は、付録の実物大型紙を写してつくります。お太鼓と胴の1～15のピースは同じ型紙です。16～21とて先の型紙は、寸法配置図の寸法でつくります。各型紙には必ず布目線を入れます。また、1～15のピースは、1枚ずつ切り離すと縫い合わせる辺がわかりにくくなるので、いろいろな形の合い印を入れておくと間違えにくくなります（図参照）。

●つくり方のポイント

・糸は絹手縫い糸、または25番刺しゅう糸（2本どり）を使います。手縫い針は布の厚さによって使い分けますが、使いなれた針を使用するのもよいでしょう。

・1～15のピースはいくつかのブロックに分けて縫い合わせてから、それぞれのブロックを縫い合わせていきます。ピースの縫い合わせは並縫いで印から印まで（縫い代までは縫わない）をしっかり丁寧に縫います（図参照）。

・お太鼓、胴、て先とも、寸法配置図のように各ピースを縫い合わせて1枚の布にしてから、帯に仕立てます。帯のつくり方は88ページを参照してください。

［寸法配置図］

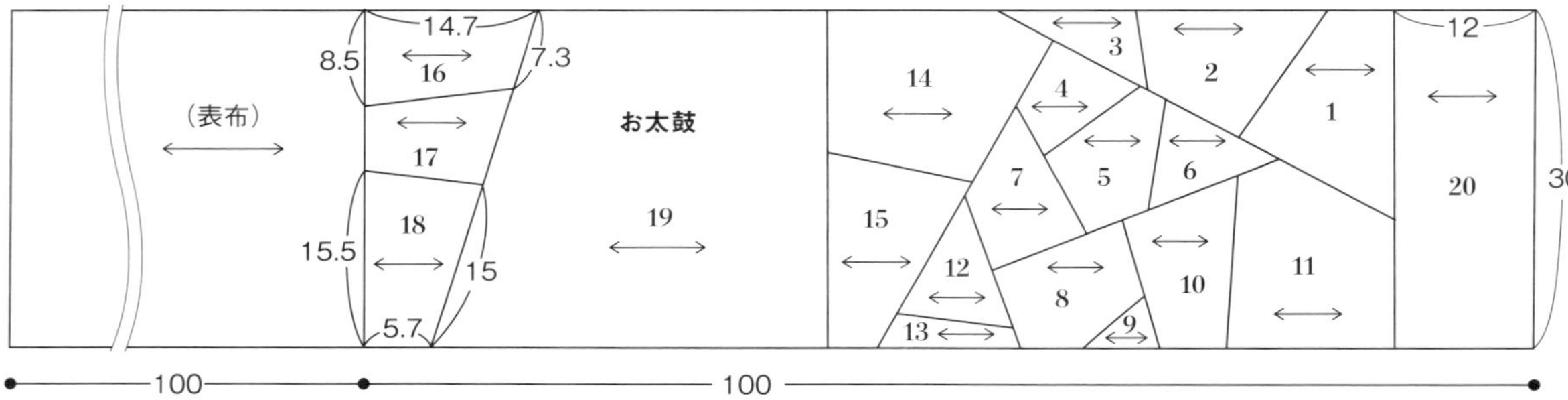

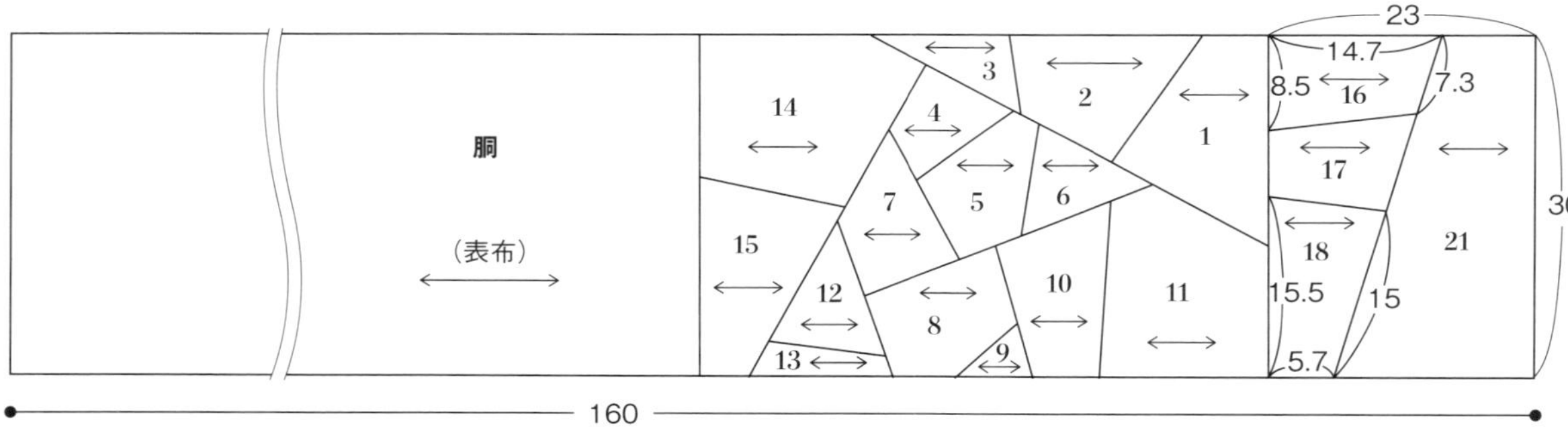

＊1～15は付録の実物大型紙を参照
＊19・20・21は同じ布
＊外回りは2cm、ピースのはぎ目は、1cmの縫い代をつけて布を裁つ

●きりばめの帯の胴は、半分に折り、両面使うことができます。
着物との調和を考えて、表に出したい方を決めます。
50ページでは、ここで紹介した配置図の下側を表に出しました。

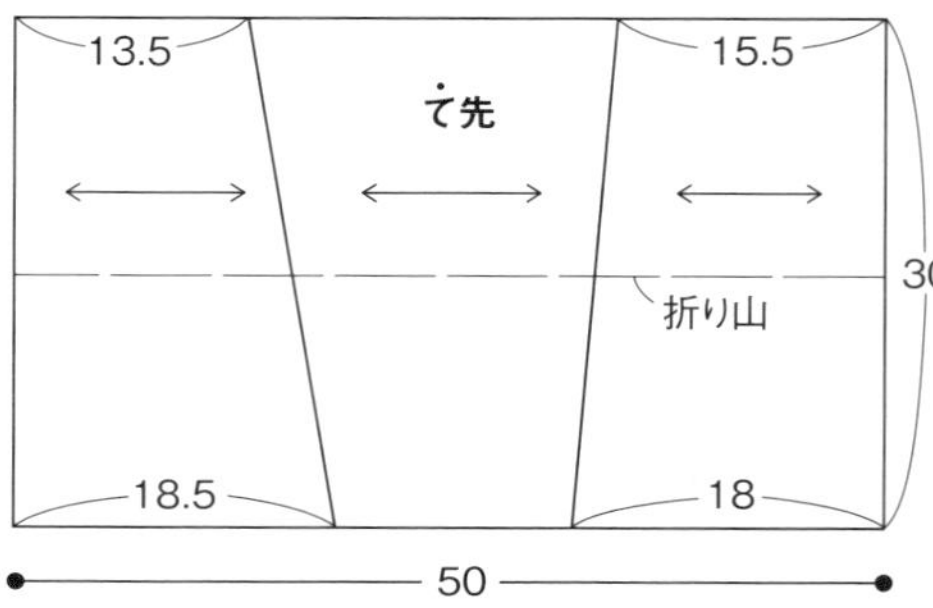

[ピース布の裁ち方]

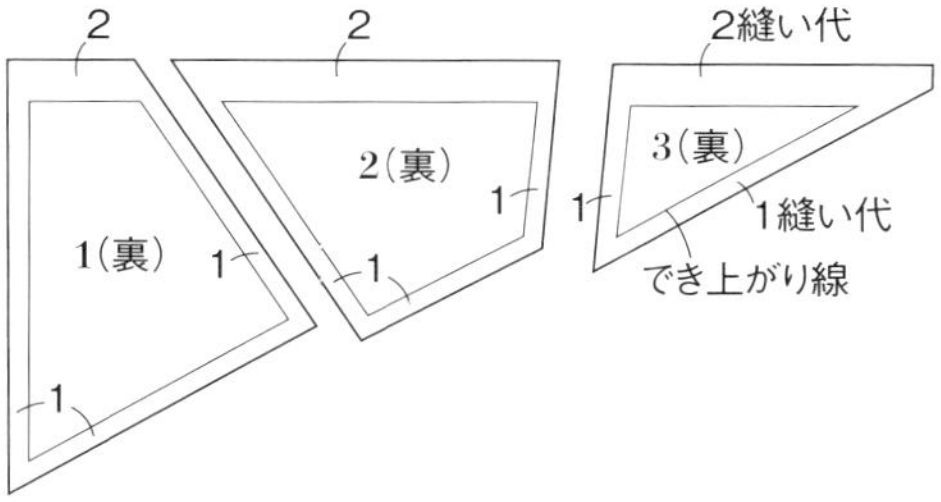

[型紙の合い印の入れ方]

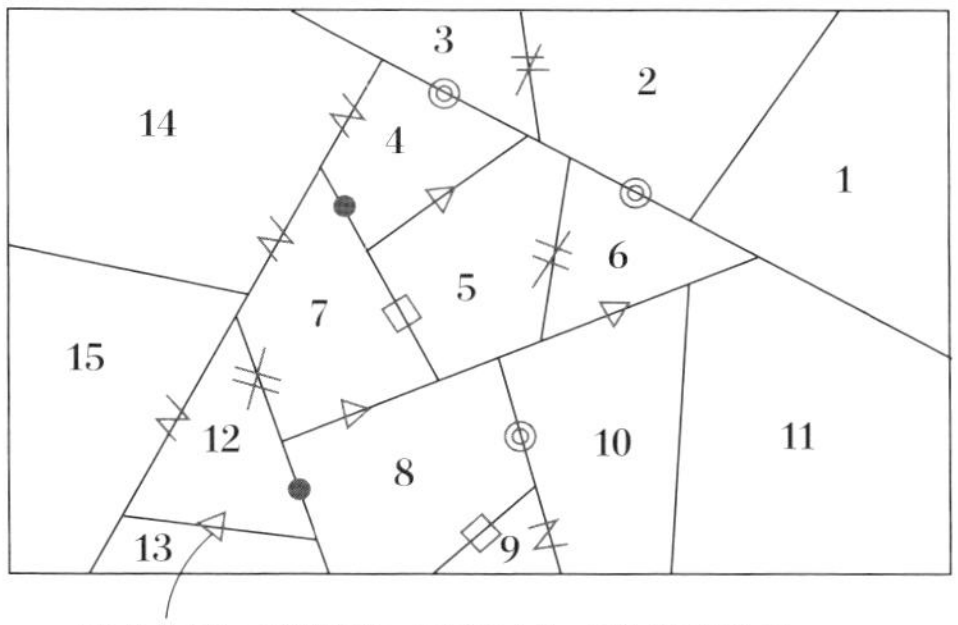

線上に合い印を描いてからピースを切り離す

[ピース布の縫い合わせ方]

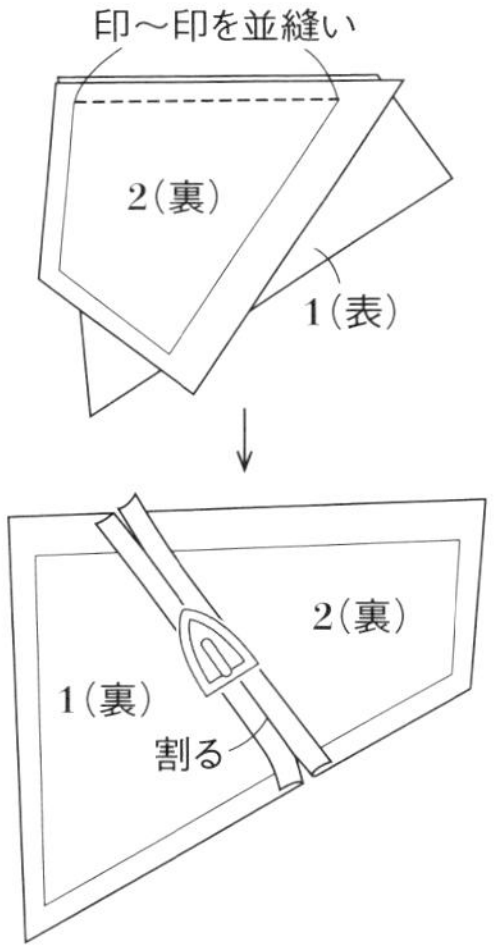

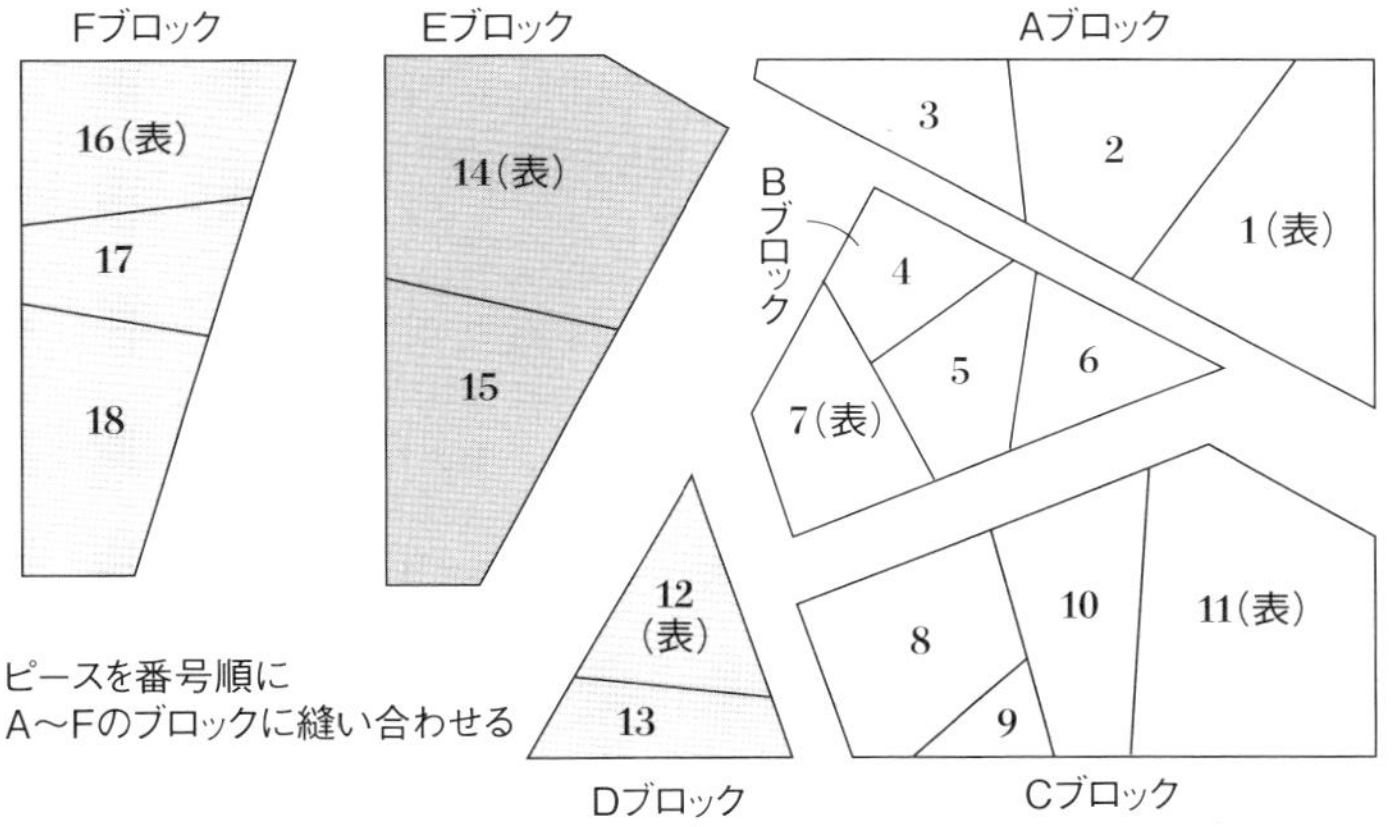

ピースを番号順に
A～Fのブロックに縫い合わせる

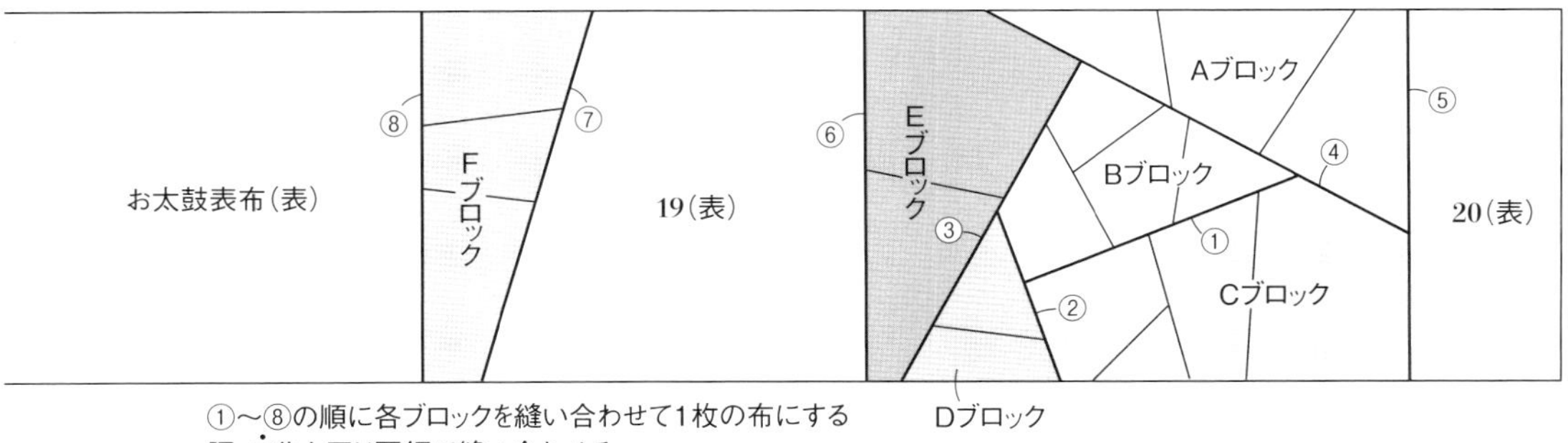

①～⑧の順に各ブロックを縫い合わせて1枚の布にする
胴、て先も同じ要領で縫い合わせる

p. 44

アップリケとリボン刺しゅうの帯

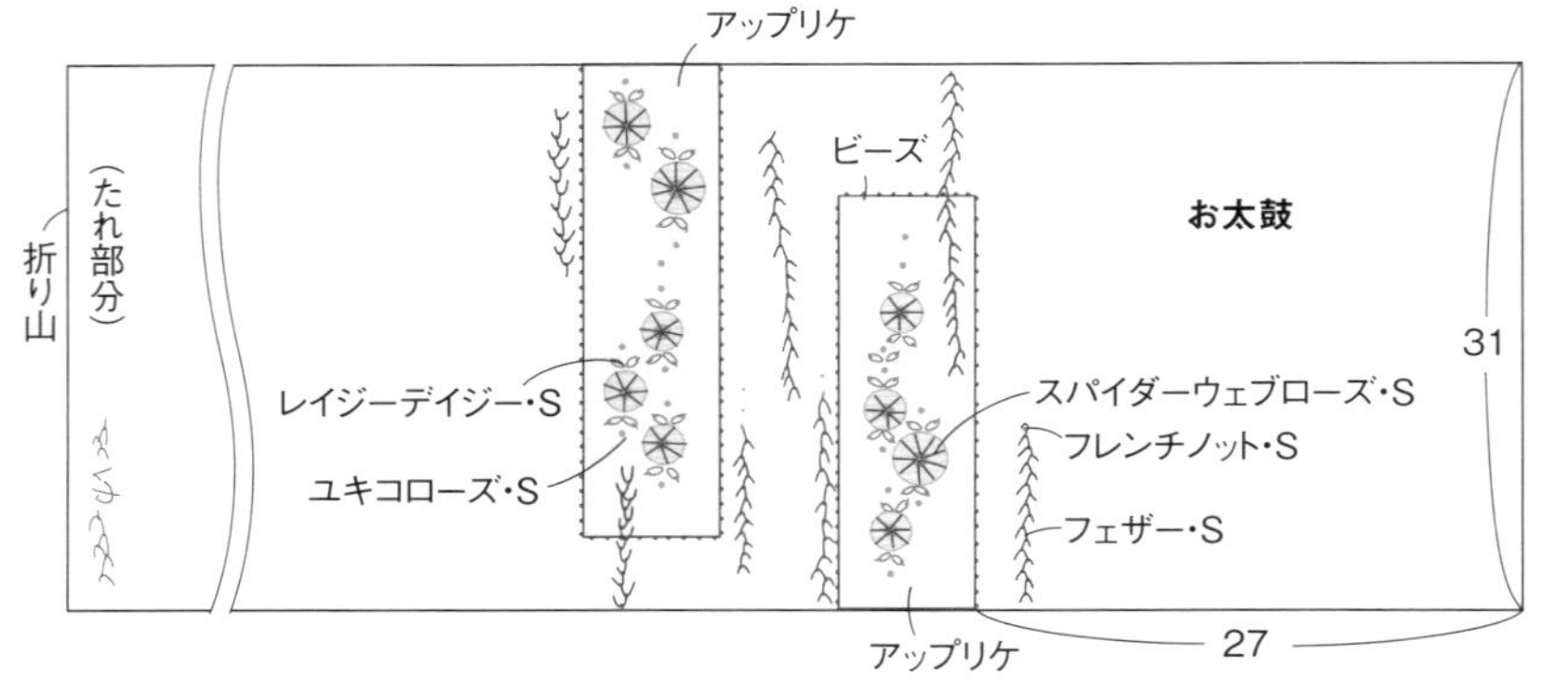

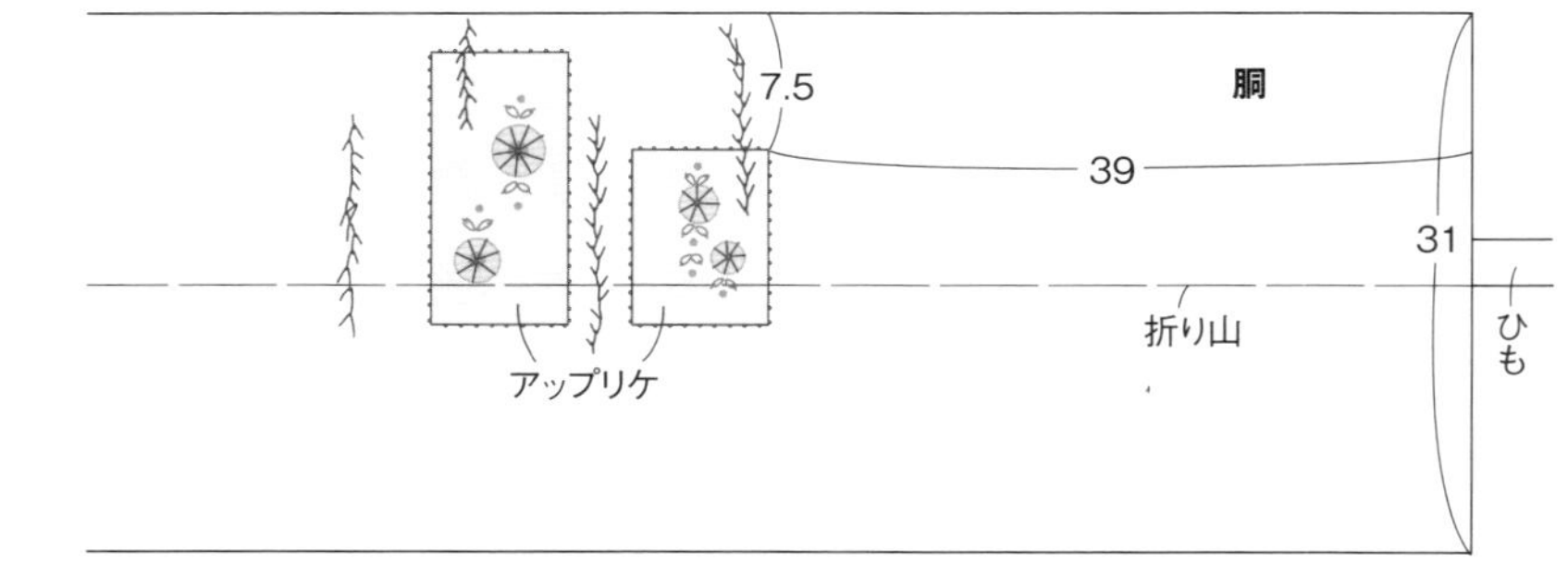

［アップリケのしかた］

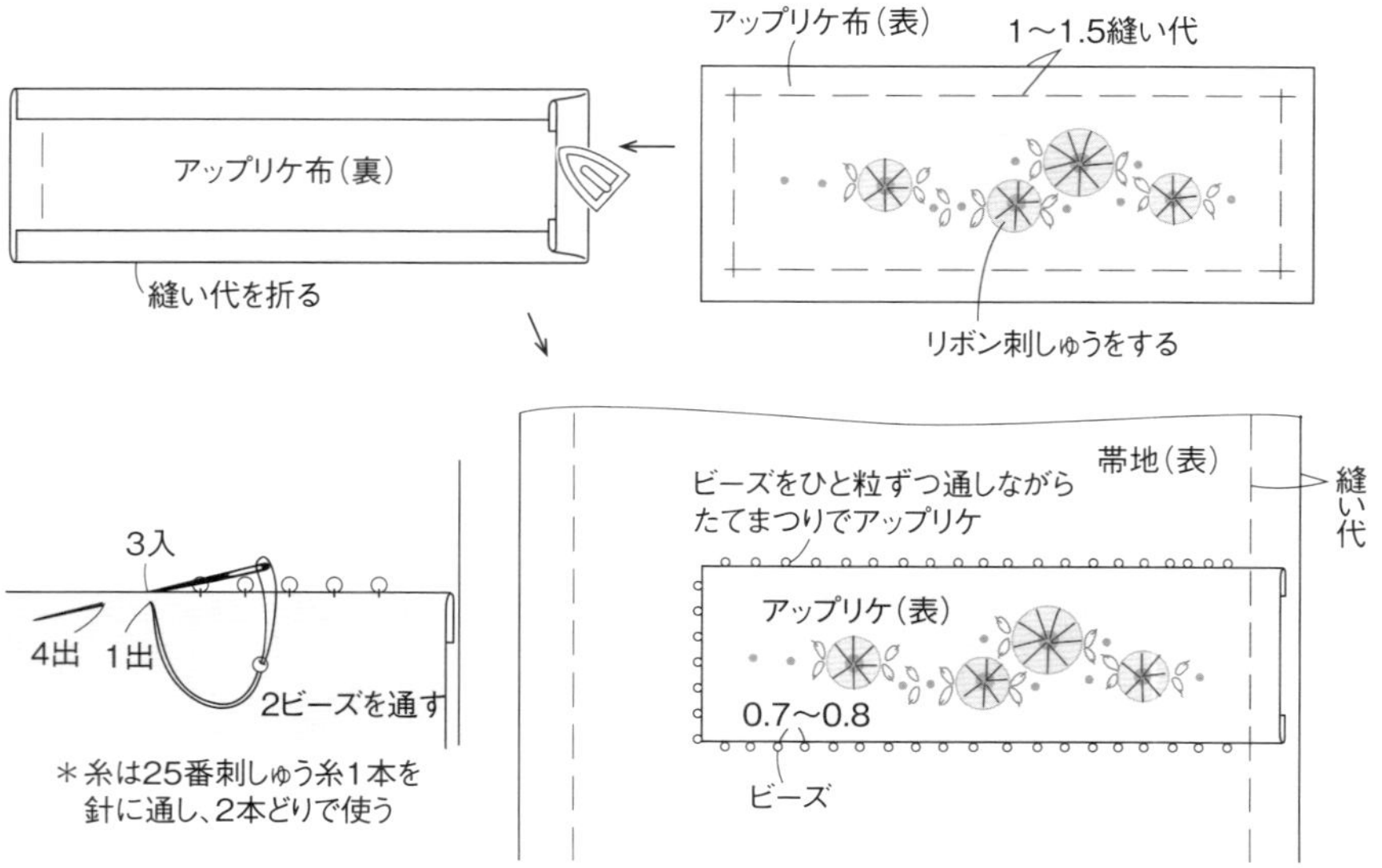

●実物大図案（A面）

お太鼓　お太鼓のたれ　胴

●アップリケ・刺しゅうの材料

アップリケ用布
　無地の絹…32×35㎝
MOKUBA刺しゅう用リボン
　1540（3.5㎜）-465・468／
　1545-1・2・6・14／
　1546-1・2・3・4
　…各1巻き
DMC金糸…適宜
DMC5番刺しゅう糸ECRU…1束
デリカビーズ…適宜
DMC25番刺しゅう糸　アップリケ用布と同色（アップリケ用）…適宜

●使用ステッチ

リボン刺しゅう

スパイダーウェブローズ・ステッチ／レイジーデイジー・ステッチ／ユキコローズ・ステッチ

糸刺しゅう

フェザー・ステッチ／フレンチノット・ステッチ

●つくり方のポイント

・針はリボン刺しゅう用太タイプセット、ニット地用セット、フランス刺しゅう針3〜6番を使います。またアップリケには、薄地用の手縫い針（絹えりしめ）を使います。

・アップリケ用の布には、変わり織りの絹地を使っていますが、幅の広い絹のリボンなどでもよいでしょう。

・アップリケ布は周囲に1〜1.5㎝の縫い代をつけて裁ち、まずリボン刺しゅうをします。次に周囲の縫い代を折り、ビーズをひと粒ずつ通しながら、たてまつりで帯地にアップリケします。そのあと、金糸でフェザー・ステッチとフレンチノット・ステッチを刺して仕上げます。

・フェザー・ステッチを刺す金糸は、手に入らなければ、25番刺しゅう糸を1本どりで使用してもよいでしょう。

糸刺しゅうのステッチ

レイジーデイジー・ステッチ

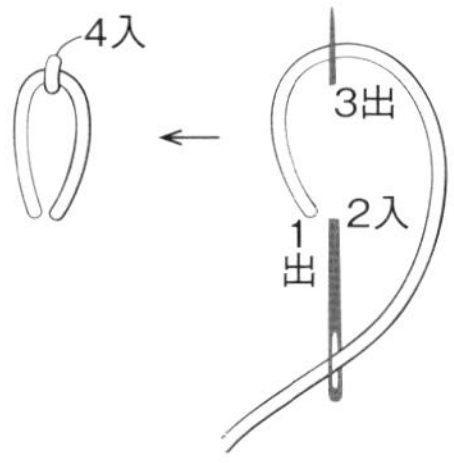

フェザー・ステッチ

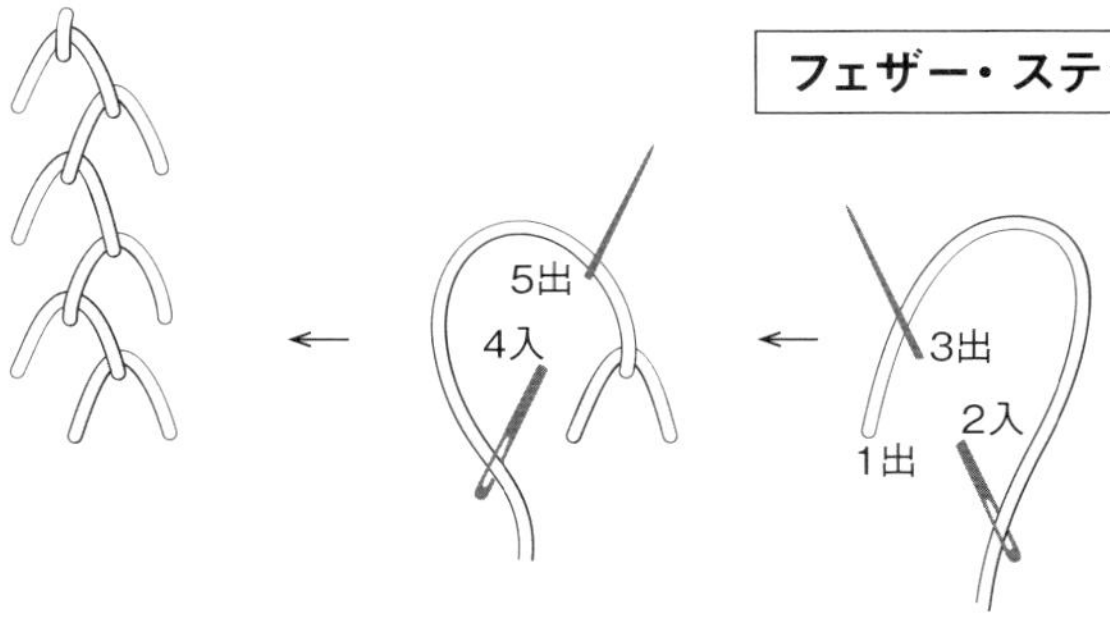

アウトライン・ステッチ

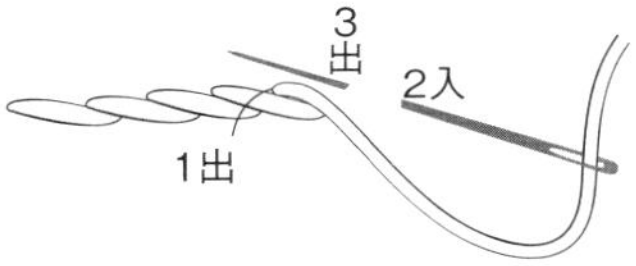

ツイステッドチェーン・ステッチ

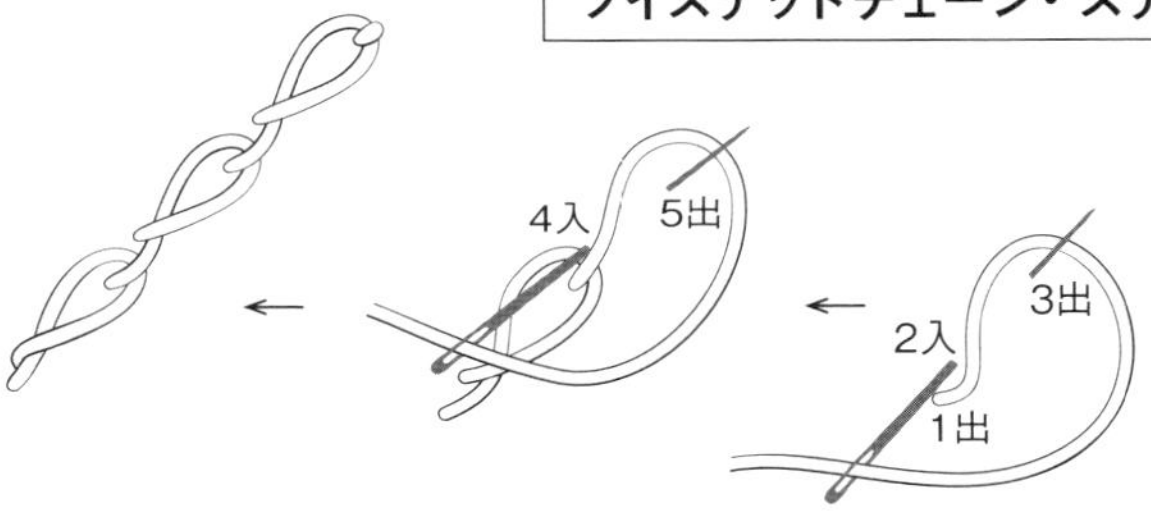

フレンチノット・ステッチ

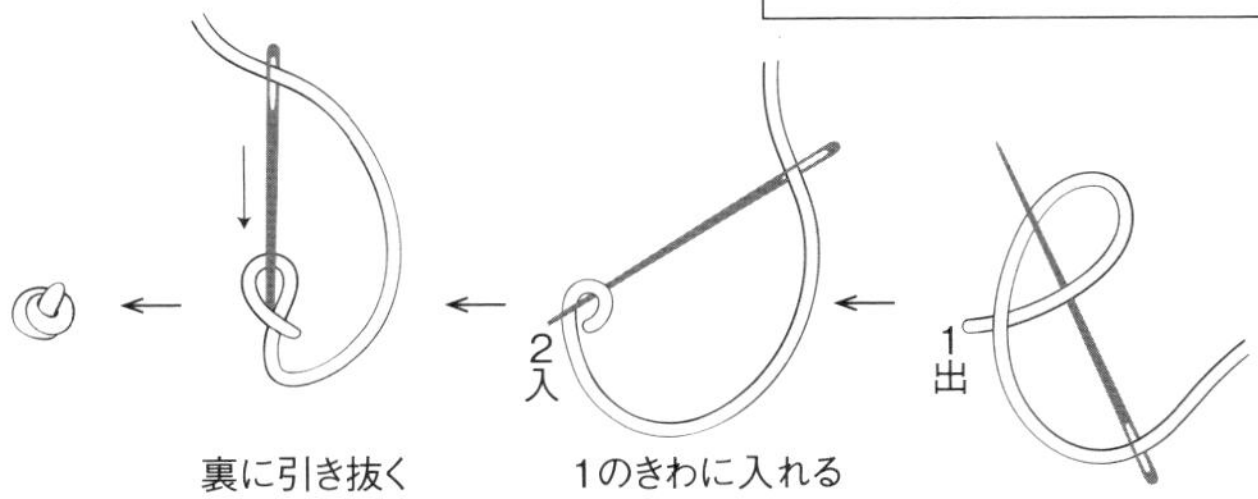

1のきわに入れる

裏に引き抜く

ウィービングローズ・ステッチ

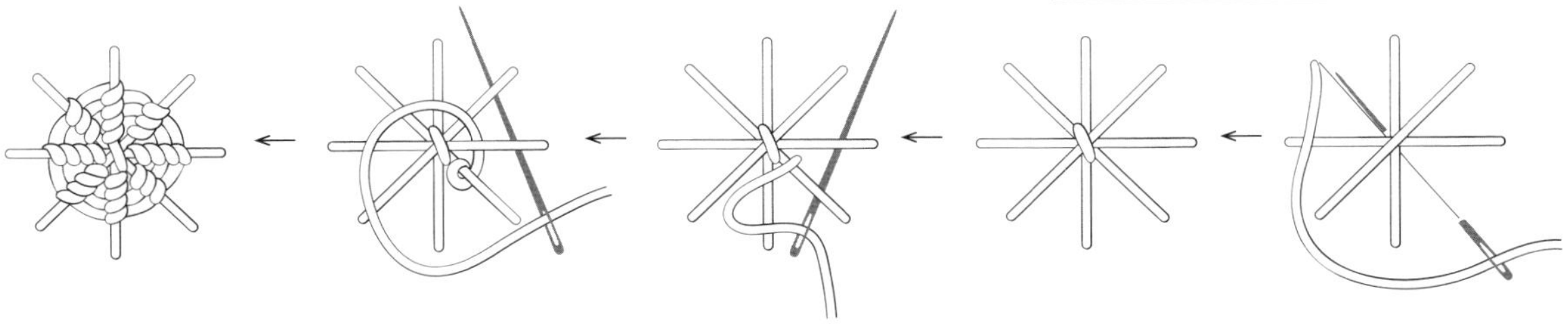

8本の線を描き、ストレート・ステッチを刺して、中心に針を出す

中心をひと針とめて、裏で玉どめをする

中心から糸を出し、その前後の糸2本の下をくぐらせる

1本分戻り、2本同時にくぐらせる。これを繰り返す

放射状に刺した糸の途中までうめる

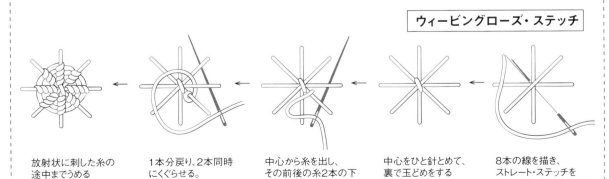

リボン刺しゅうのステッチ

レイジーデイジー・ステッチ

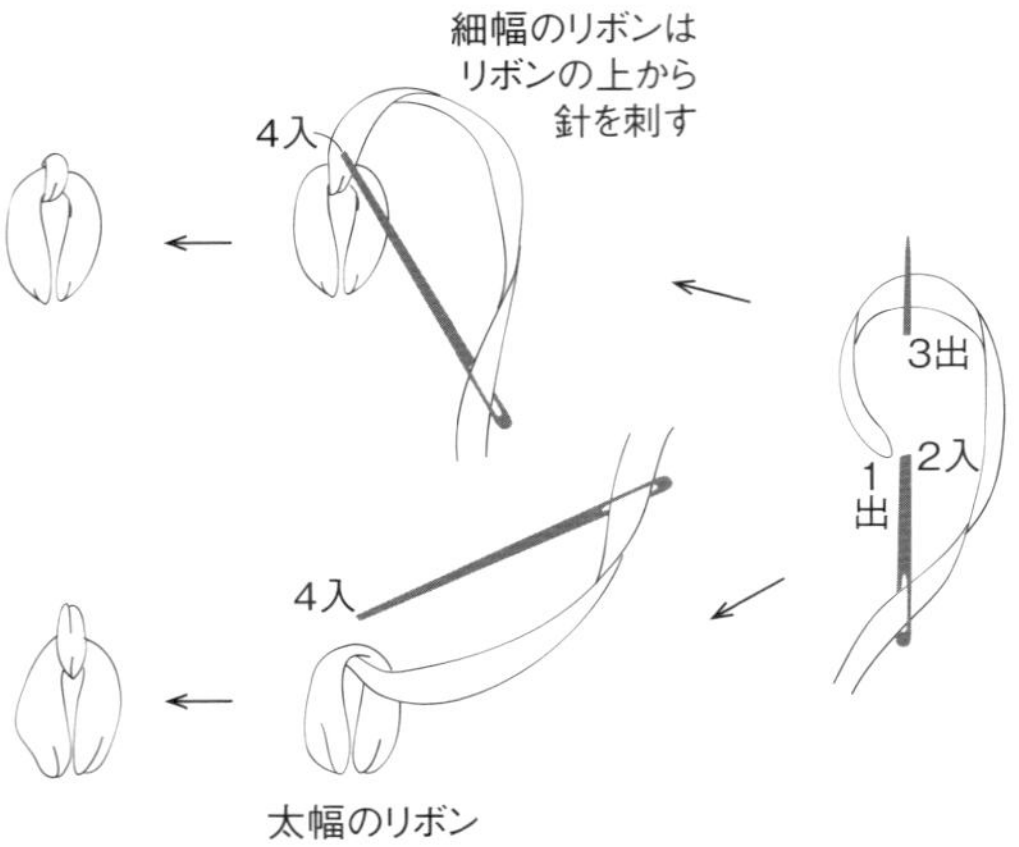

フェザー・ステッチ

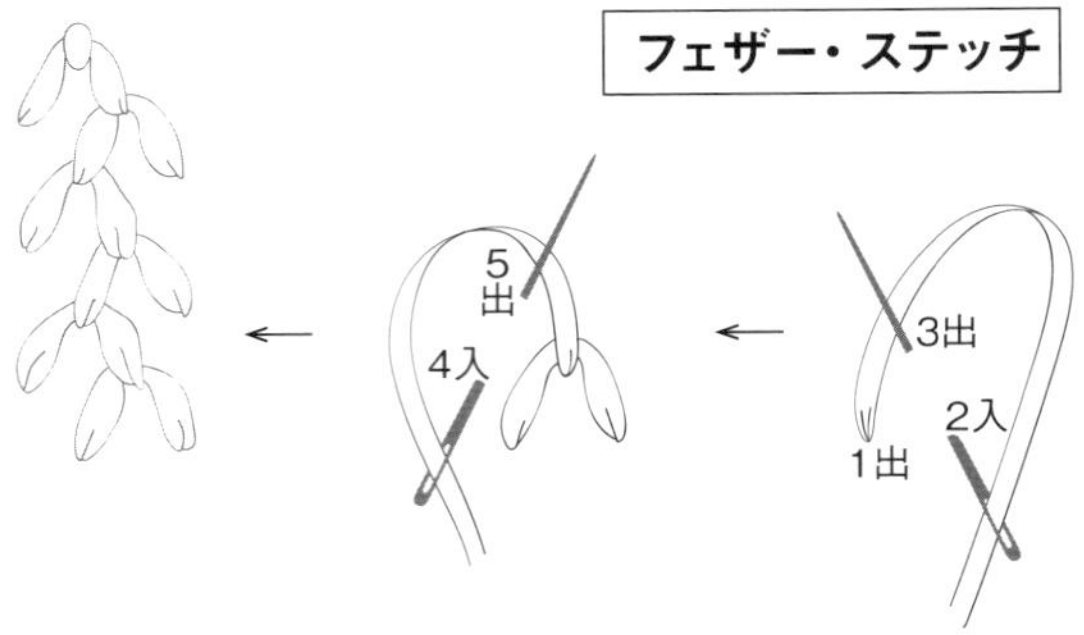

ツイステッドチェーン・ステッチ

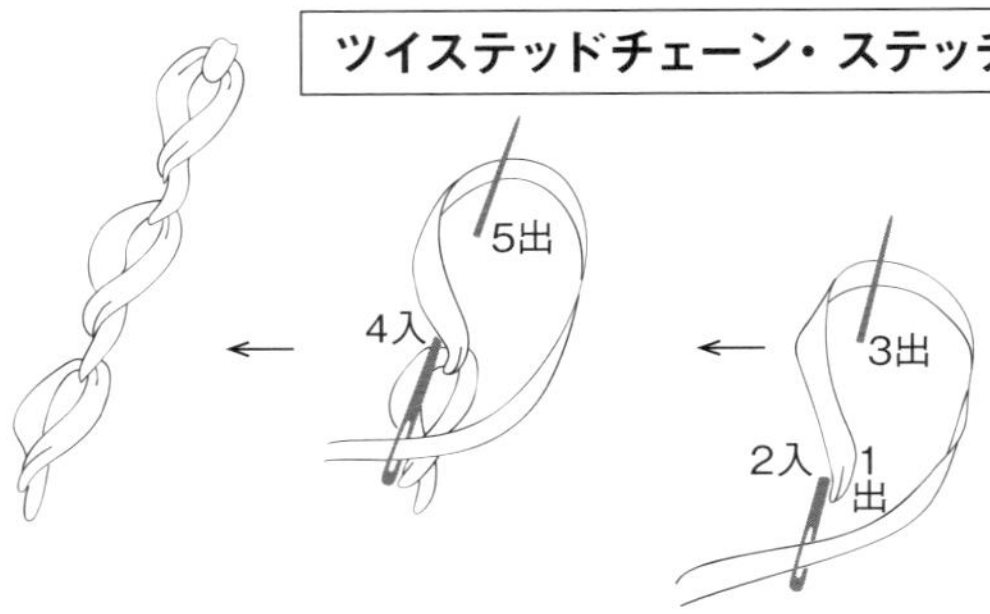

フレンチノット・ステッチ

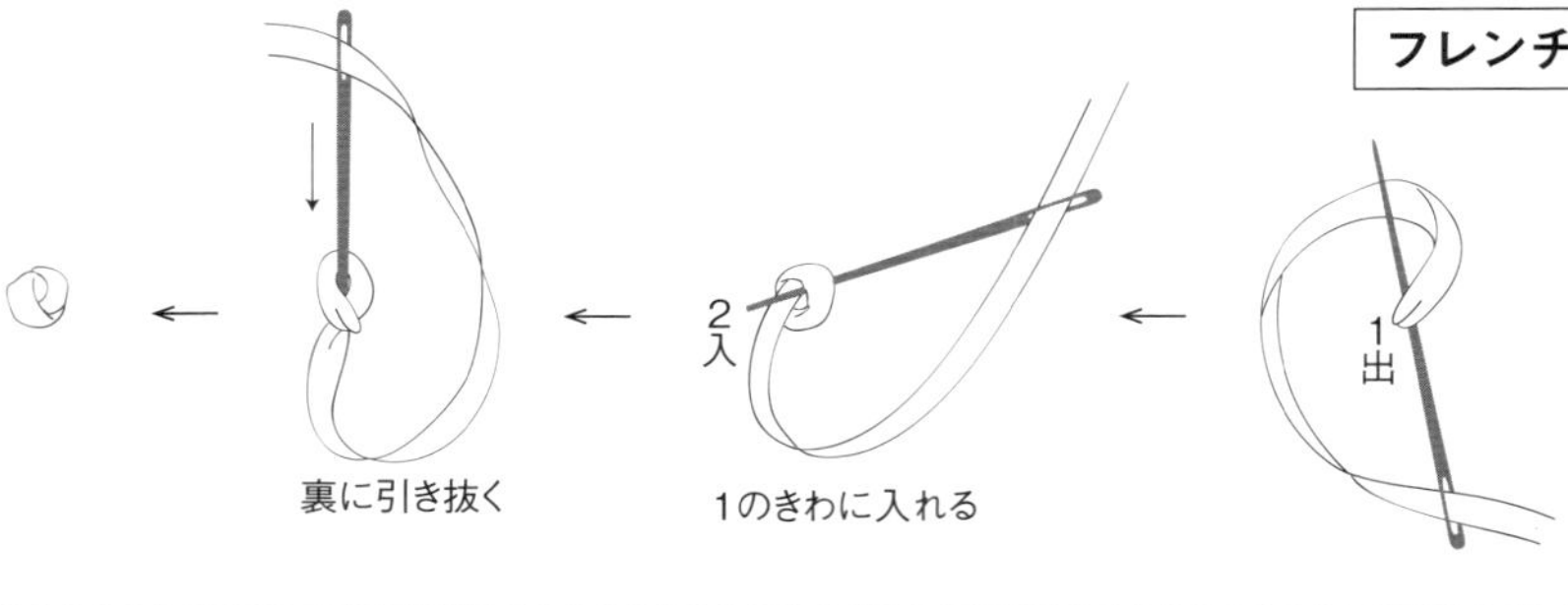

リーフ・ステッチ

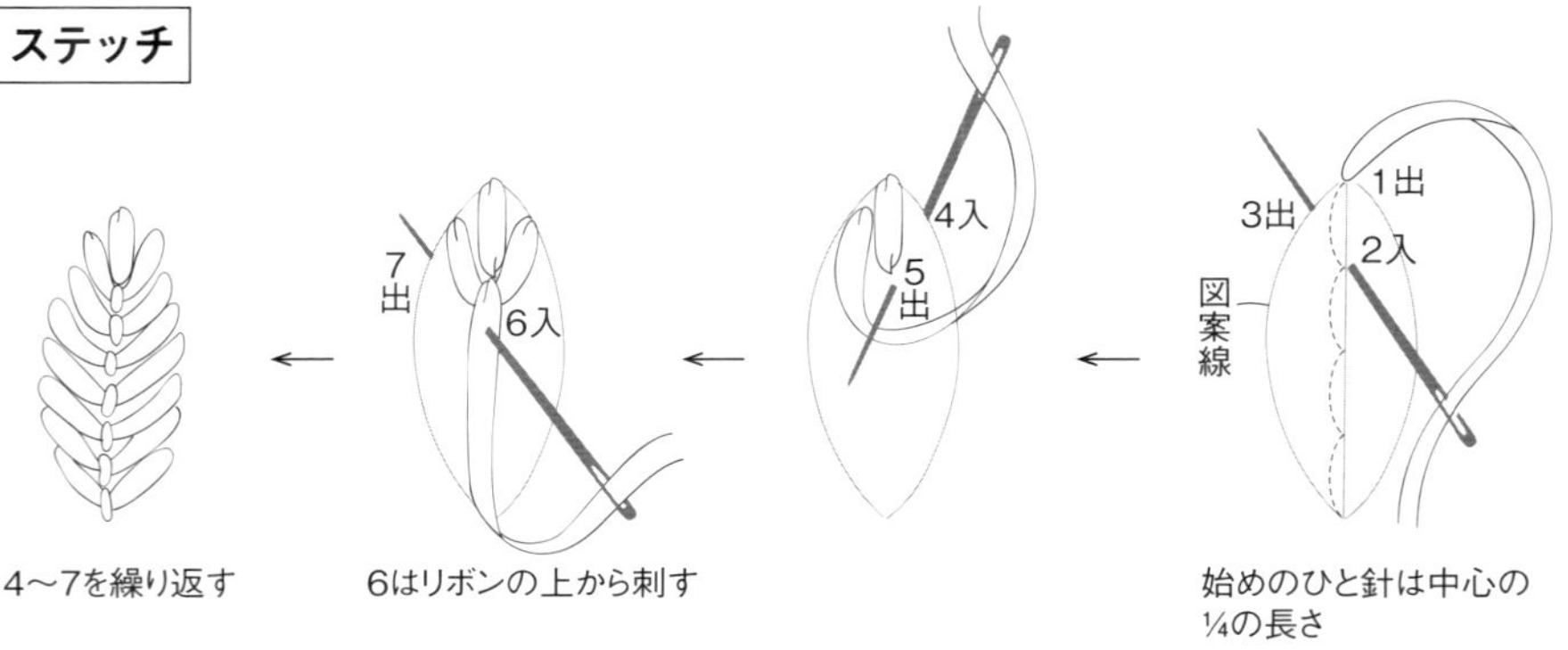

スパイダーウェブローズ・ステッチ

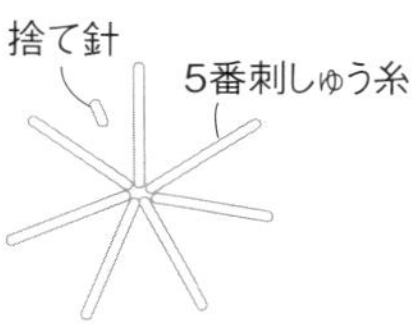

ひと針小さく捨て針を刺して
から、7本または9本放射状
に土台の糸を渡す

中心の1か所からリボンを出し、
土台の糸の上・下・上・下と
リボンをくぐらせていく

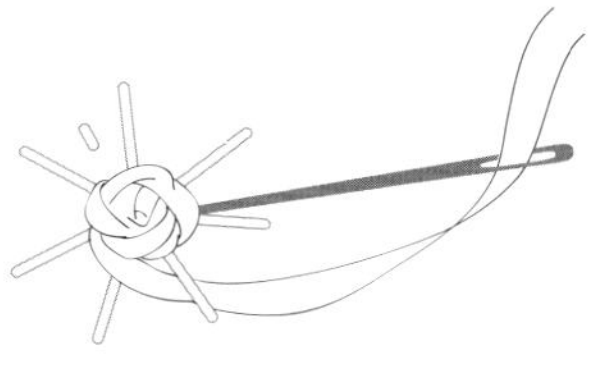

途中でリボンの色や種類を変えるときは、
一度裏側にリボンを出してとめる。
次に別のリボンを同じあたりから出して、
同様に進める

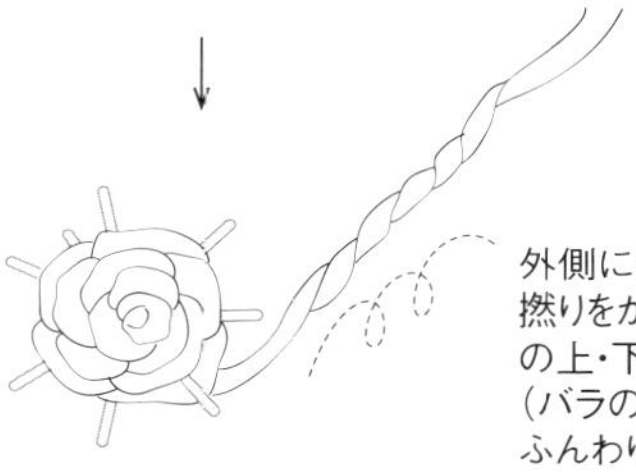

外側になったら、軽くリボンに
撚りをかけながら、土台の糸
の上・下と通して進む
（バラの花びらのように、
ふんわりとさせる）

土台の糸が見えなくなる
までリボンを通し、
刺し終わりはリボンの間
に針を入れる

ユキコローズ・ステッチ

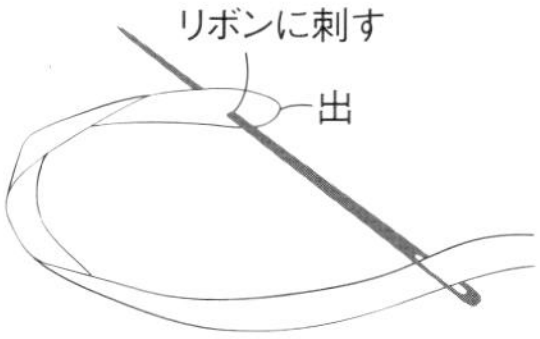

＊針はニット用を使う

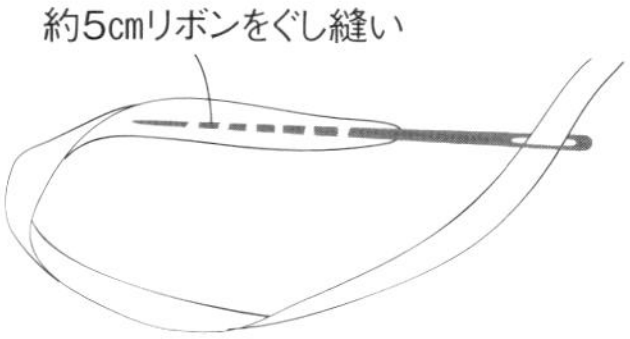

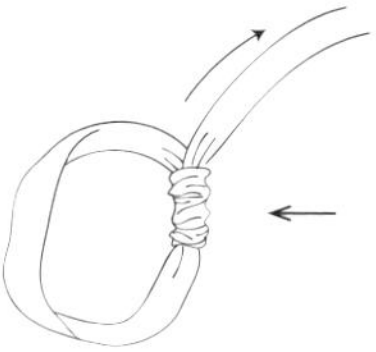

ギャザーを寄せながら、
リボンを引く

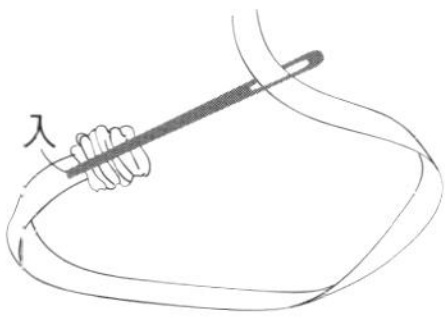

形を整えて、リボンの
上から針を刺して
裏でとめる

フィッシュボーン・ステッチ

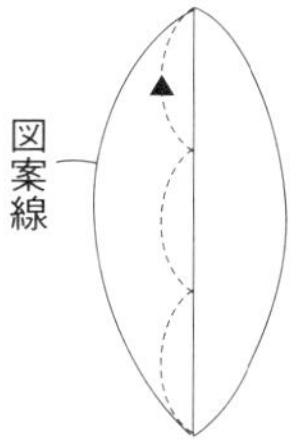

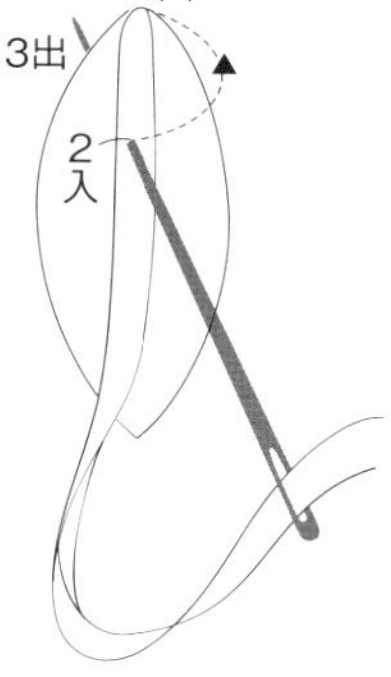

始めのひと針は
中心の⅓の長さ

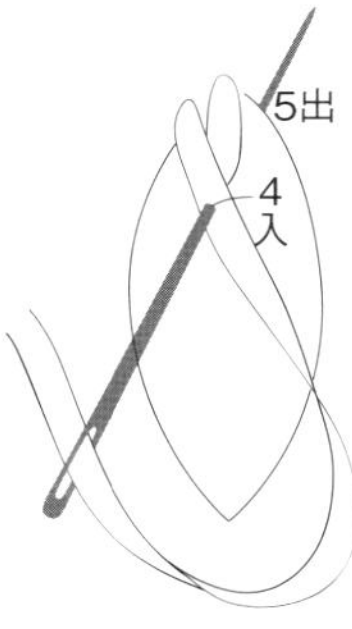

2と4はリボンの上から刺す

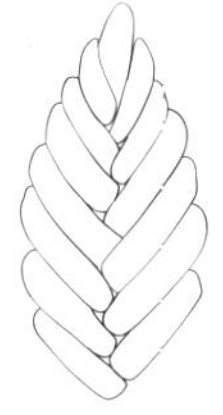

2〜5を繰り返す

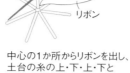

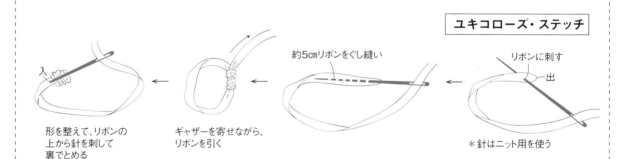

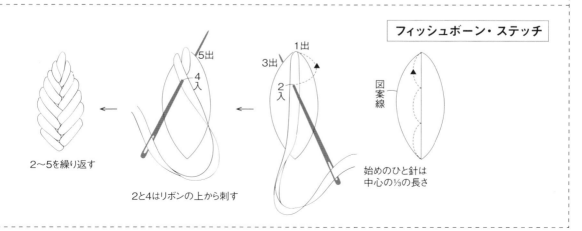

ブックデザイン／宮巻 麗
撮影／齋藤幹朗
つくり方解説・技術編集／百目鬼尚子
トレース／tinyeggs studio（大森裕美子）
ヘア＆メイク／瑳峨直美　清水亜矢
着付け／髙橋惠子
着る人／安藤明美、飯塚孝子、内田さゆり、遠藤るうな、小倉恵美、小倉美帆、小倉美鼓、亀岡幸子、亀岡知子、河井秀子、高橋恵美子、髙間香奈子、千山ユキ、信江慶子、早坂ワカナ、早坂佳子、藤井愛矢、山﨑とよ、山村芳恵、山中千佳
撮影協力／本の森ちゅうおう、松竹(株)、大野屋總本店、銀座 ひときわ 圓蔵
校正／円水社
ＤＴＰ／（株）明昌堂
編集／宮下信子
富岡啓子（世界文化社）

実物大図案でイメージ通りに仕上がる!
刺しゅう・リボン・アップリケで大人可愛い
手づくり帯

監修　小倉ゆき子

発行日　2025年3月10日　初版第1刷発行

発行者　岸 達朗
発行　株式会社世界文化社
〒102-8187
東京都千代田区九段北4-2-29
03(3262)5124（編集部）
03(3262)5115（販売部）

印刷・製本　大日本印刷株式会社

ISBN978-4-418-25405-7